McGRAW-HILL

French

connaissances

Workbook

D0573374

Conrad J. Schmitt

Jo Helstrom

Webster Division, McGraw-Hill Book Company

New York   St. Louis   San Francisco   Atlanta   Auckland   Bogotá   Dallas   Hamburg
Johannesburg   London   Madrid   Mexico   Montreal   New Delhi   Panama   Paris
São Paulo   Singapore   Sydney   Tokyo   Toronto

PHOTO CREDITS

30: Culver Pictures; **37:** Dr. Georg Gerster/Photo Researchers; **38:** French Embassy Press & Information Division; **49:** Carroll Moulton; **61:** Mark Antman/Image Works; **92:** Beryl Goldberg; **99:** Carroll Moulton; **179:** Henri Cartier-Bresson.

ISBN 0-07-041806-3

1 2 3 4 5 6 7 8 9 10 SEMSEM 94 93 92 91 90 89 88 87 86 85

A LA RENTRÉE DES CLASSES

Révision A

A. Complete the paragraph about Ginette and Robert by filling in each blank with an appropriate word.

Ginette et Robert

Ginette est de Paris; elle est _française_. Robert est de Chicago; il est _américain_. Ginette et Robert sont enthousiastes pour les sports; ils sont _sportifs_. Ils ne sont pas professeurs; ils sont _élèves_. Ils ne sont pas stupides; ils sont _intelligents_. Ginette n'est pas brune; elle est _blonde_. Robert n'est pas blond; il est _brun_. L'anglais et le français ne sont pas difficiles; ils sont _faciles_. Ginette et Vanessa ne sont pas sœurs; elles sont _copines_. Elles ne sont pas _tristes_; elles sont contentes. Robert et Louis ne sont pas copains; ils sont _frères_. Ils ne sont pas faibles; ils sont _forts_.

B. Complete the conversation between Monique, Claude, and Monsieur Grospin by filling in each blank with the appropriate word or words.

Voilà Monsieur Grospin!

Claude _Salut_, Monique.

Monique _Salut_, Claude.

Claude Ça va?

Monique Oui, _ça va_.

Claude Ah, voilà Monsieur Grospin!

Claude et Monique _Bonjour_, monsieur. _Comment allez - vous_?

Monsieur Grospin _Bonjour_, mes enfants. Très _bien_, merci. Vous êtes _élèves_ dans la _classe_ de français, n'est-ce pas?

Claude et Monique Oui, _monsieur_.

Monsieur Grospin Bon. _Au revoir_, Monique. _Au revoir_, Claude.

Claude et Monique _Au revoir_, monsieur.

1

C. Complete the description of Madame Paquette's class by filling in each blank with *le, la, l'*, or *les*.

La classe de Madame Paquette

Les élèves de Madame Paquette sont très intelligents. Ils sont dans _la_ classe de français. _L'_ élève là-bas est _le_ frère de Monique. Salut, Antoine!

D. Complete the conversation by filling in each blank with the correct form of the verb indicated.

Au cinéma

—Les garçons _regardent_ (regarder) la télé?

—Non, ils _finissent_ (finir) les devoirs.

—Eh, les gars! Vous _finissez_ (finir) les leçons?

—Oui, nous _travaillons_ (travailler) vite.

—Bon! Alors j'_attends_ (attendre). Ah, voilà Roland! Il _descend_ (descendre) du bus. Nous _arrivons_ (arriver) au cinéma à l'heure!

E. Answer these questions about yourself and your friends.

À l'école

1. Est-ce que tu travailles beaucoup à l'école? _Oui, je travaille beaucoup à l'école._

2. Tu travailles vite? _Oui, je travaille vite._

3. Les élèves chantent dans la classe de maths? _Non, ils ne chantent pas dans la classe de maths._

4. Vous écoutez attentivement les profs? _Oui, nous écoutons attentivement les profs._

5. Vous choisissez les cours faciles? _Non, nous ne choisissons pas les cours faciles._

6. Tu attends les copains (copines) après les classes? _Oui, j'attends les copains après les classes._

F. Complete the conversation by filling in each blank with *à la, à l', au*, or *aux*.

On va au concert.

—Tu vas _au_ cinéma ou _au_ théâtre ce soir?

—Nous allons _au_ théâtre.

—Moi, je vais _à l'_ école ce soir parce qu'il y a un concert de jazz. Tu ne vas jamais _aux_ concerts? Nous, nous y allons assez souvent.

G. Complete the description of the Desjardins family by filling in each blank with the correct form of the verb *avoir*.

La famille Desjardins

La famille Desjardins habite la ville d'Avignon. Ils ___*ont*___ une jolie petite maison de six pièces. Il y ___*a*___ cinq personnes dans la famille. Monsieur et madame Desjardins ___*ont*___ trois enfants. Ils ___*ont*___ un chien et deux chats, mais ils n' ___*ont*___ pas de canari. Aline ___*a*___ beaucoup de disques et ses sœurs ___*ont*___ beaucoup de cassettes. Et toi, ___*as*___-tu des disques ou des cassettes? Chez vous, ___*avez*___-vous un chat, un chien ou un canari?

H. Read the paragraph about Raoul's party and then answer the questions that follow.

Une fête chez Raoul

Il y a une fête chez Raoul. Bernard et Mireille vont à la fête en autobus. Quand ils arrivent près de chez Raoul, ils descendent du bus et ils continuent à pied. Chez Raoul les amis dansent et chantent. Les filles choisissent de la musique douce, et les garçons choisissent des disques de jazz. On n'entend pas le téléphone. Mais à dix heures Raoul annonce: «Voici les pizzas!» Tout le monde entend Raoul!

1. Où va Bernard? *Il va à la fête chez Raoul.*
2. Qui va à la fête avec Bernard? *Mireille va à la fête avec Bernard.*
3. Comment vont-ils à la fête? *Ils vont à la fête en autobus.*
4. Où est-ce qu'ils descendent? *Ils descendent près de chez Raoul.*
5. Qui danse et qui chante? *Les amis dansent et chantent.*
6. Qu'est-ce que les filles choisissent? *Elles choisissent de la musique douce.*
7. Qui choisit les disques de jazz? *Les garçons choisissent les disques de jazz.*
8. Qu'est-ce qu'on n'entend pas? *On n'entend pas le téléphone.*
9. Qu'est-ce que Raoul annonce? *Il annonce, «Voici les pizzas!»*
10. Qui entend Raoul? *Tout le monde entend Raoul.*

I. Complete the story by filling in each blank with the correct form of the verb indicated.

On va au restaurant.

Roger _va_ (aller) dans un restaurant français avec une amie, Suzanne. Ils _vont_ (aller) au restaurant favori de Suzanne. Le garçon _donne_ (donner) un menu à Suzanne et un autre à Roger. Les deux amis _regardent_ (regarder) les menus. Suzanne _demande_ (demander) au garçon: «_Avez_-vous (avoir) du poisson frais?»

«Mais oui, mademoiselle!», _répond_ (répondre) le garçon.

Alors Suzanne _commande_ (commander) du poisson et Roger _choisit_ (choisir) du poulet. Les deux amis _commandent_ (commander) aussi une salade et du fromage. Ils _attendent_ (attendre) le dîner et ils _parlent_ (parler) de la surprise-partie pour Renée. Elle _va_ (aller) avoir quinze ans et les amis _vont_ (aller) célébrer son anniversaire chez Raoul. Tout le monde aime _aller_ (aller) à une fête.

J. Rewrite the following sentences.

a. Use *nous* or *vous*.

1. Je suis américaine. _Nous sommes américaines._
2. Tu es français, n'est-ce pas? _Vous êtes français, n'est-ce pas?_
3. Je suis élève dans une école à Boston. _Nous sommes élèves dans une école à Boston._
4. Tu es très sincère. _Vous êtes très sincères._

b. Use *ils* or *elles*.

5. Il est grand et blond. _Ils sont grands et blonds._
6. Il n'est pas brun. _Ils ne sont pas bruns._
7. Elle est petite, n'est-ce pas? _Elles sont petites, n'est-ce pas?_
8. Elle est très intéressante. _Elles sont très intéressantes._

K. Answer these questions in the negative.

Non, non et non!

1. Tu es française? _Non, je ne suis pas française._
2. Je suis élève dans un lycée? _Non, tu n'es pas élève dans un lycée._
3. Il est fort en maths? _Non, il n'est pas fort en maths._

4. Vous êtes amis? *Non, nous ne sommes pas amis.*

5. Elles sont charmantes? *Non, elles ne sont pas charmantes.*

6. Nous sommes de Nice? *Non, vous n'êtes pas de Nice.*

L. **Complete the conversation between Laure and her friend by filling in each blank with the correct form of the verb *être*.**

L'amie de Caroline

—Tu ___*es*___ Laure?

—Oui, je ___*suis*___ Laure.

—Tu ___*es*___ l'amie de Caroline?

—C'est ça! Caroline ___*est*___ une amie. Nous *sommes* élèves dans la classe de

Madame Michaud.

—Vous ___*êtes*___ dans la classe de Madame Michaud! Moi aussi! Chouette alors!

M. **Describe this French family. Tell all you can about the family members. Make up their names, ages, etc.**

Une famille française

C'est la famille Beauchamp. Il y a quatre personnes dans la famille. André Beauchamp est le père. Martine Beauchamp est la mère. Ils ont deux enfants: Jean-Luc et Catherine. Jean-Luc a douze ans et Catherine a dix ans. La famille a un chien, Médor. La famille regarde la télé.

Révision B VIVE LE WEEK-END!

A. Tell who buys what. Fill in each blank with the correct form of the verb *aller* or *acheter*.

Qui achète quoi?

1. Je ___*vais*___ à la boucherie et j' ___*achète*___ de la viande.

2. Les filles ___*vont*___ à la boulangerie et elles ___*achètent*___ une baguette.

3. Nous ___*allons*___ à la poissonnerie et nous ___*achetons*___ du poisson.

4. Vous ___*allez*___ à la pâtisserie et vous ___*achetez*___ un gâteau.

5. Ma mère ___*va*___ à la crémerie et elle ___*achète*___ de la crème.

B. Rewrite the conversation changing *cousin* to *cousine* and making any necessary changes.

Ton cousin et ta cousine

—Ton cousin est parisien?

—Non, il est canadien. Mais j'ai aussi des cousins italiens et brésiliens.

— Ta cousine est parisienne?

— Non, elle est canadienne. Mais j'ai aussi des cousines italiennes et brésiliennes.

C. Answer these questions according to the model.

Il veut bien, mais il ne peut pas.

Marc va chanter?
Il veut bien chanter, mais il ne peut pas maintenant.

1. Gaby va nager? *Elle veut bien nager, mais elle ne peut pas maintenant.*

2. Paul et Marie vont danser? *Ils veulent bien danser, mais ils ne peuvent pas maintenant.*

3. Vous allez dîner avec elle? *Nous voulons bien dîner avec elle, mais nous ne pouvons pas maintenant.*

4. Tu vas jouer au Scrabble? *Je veux bien jouer au Scrabble, mais je ne peux pas maintenant.*

5. Les filles vont faire des courses? *Elles veulent bien faire des courses, mais elles ne peuvent pas maintenant.*

6. Tu vas téléphoner à Colette? *Je veux bien téléphoner à Colette, mais je ne peux pas maintenant.*

7. Vous allez au cinéma? *Nous voulons bien aller au cinéma, mais nous ne pouvons pas maintenant.*

D. Complete the two conversations by filling in each blank with the correct form of the verb indicated.

Tu peux venir?

a. *pouvoir*

—Tu _____ *peux* _____ venir à cinq heures?

—Oui, moi je _____ *peux* _____, mais les copains ne _____ *peuvent* _____ pas.

—Nous _____ *pouvons* _____ attendre quelques instants, n'est-ce pas?

—Pourquoi pas?

b. *vouloir*

Henri _____ *veut* _____ du rosbif, mais Giselle _____ *veut* _____ une salade. Les deux amis _____ *veulent* _____ de l'eau minérale. Henri demande: «Qu'est-ce que tu _____ *veux* _____ comme dessert?» Giselle répond: «Nous _____ *voulons* _____ toujours une glace, n'est-ce pas?»

E. Answer these questions about the weather.

Il fait beau.

1. Est-ce qu'il fait beau ou mauvais en février? *Il fait mauvais en février.*

2. Est-ce qu'il fait beau ou mauvais en septembre? *Il fait beau en septembre.*

3. Est-ce qu'il fait chaud ou froid en hiver? *Il fait froid en hiver.*

4. Est-ce qu'il fait chaud ou froid en été? *Il fait chaud en été.*

5. Quel temps fait-il en janvier? *Il fait froid en janvier.*

6. Quel temps fait-il en juillet? *Il fait beau en juillet.*

F. Complete the conversation about plans for a party by filling in each blank with the correct form of the verb *faire*.

On fait des projets.

—Qu'est-ce que tu *fais* pour la fête?

—Moi, je *fais* des sandwiches. Et toi?

—Ma copine et moi, nous *faisons* un gâteau au chocolat.

—Magnifique! Et Jean-Luc?

—Jean-Luc et David *font* des hamburgers.

G. Complete the paragraph about Alain's grades by filling in each blank with the correct form of the verb *dire*.

Je dis bravo!

Alain, tu *dis* que tu es fort en français. Est-ce que le prof *dit* que tu travailles bien? Et tes parents, qu'est-ce qu'ils *disent* de ça? Ton frère et toi, vous *dites* que vous faites toujours toutes vos leçons. Alors, moi, je *dis* bravo!

H. Complete the conversation at the airport by filling in each blank with an appropriate possessive adjective.

À l'aéroport

—J'ai *mon* passeport et *mon* billet. Tu as *ton* passeport et *ton* billet?

—Oui, oui. Et j'ai ici *nos* cartes d'embarquement.

—Voilà *notre* avion là-bas. On monte déjà *nos* valises. Regarde!

—Pardon, messieurs. Vous avez *nos* cartes d'embarquement?

—Voici *nos* cartes, mademoiselle.

—Bon! Les passagers qui ont *leurs* cartes peuvent passer par le contrôle de sécurité maintenant.

—Bon! Allons-y!

I. Complete the conversation in a restaurant by filling in each blank with the correct form of the partitive.

Du rosbif ou du poulet?

—Tu aimes _____le_____ poulet?

—Oui, mais je prends _____du_____ rosbif aujourd'hui. Et toi, tu prends _____du_____ poulet?

—Oui, et aussi _____des_____ frites. J'adore _____les_____ frites! Il y a _____du_____ pain?

Et _____du_____ beurre?

—Voici _____du_____ pain, mais il n'y a pas _____de_____ beurre. Garçon, apportez

_____du_____ beurre, s'il vous plaît. Et _____des_____ serviettes aussi. Merci.

—Tu as _____de l'_____ argent?

—Mais oui, j'ai _____de l'_____ argent! Je suis riche aujourd'hui!

J. Complete the conversation about the class trip by filling in each blank with the correct form of *quel* or *tout*.

Quel train prend-on?

—_____Toute_____ la classe va à Québec?

—_____Toutes_____ les filles, oui, mais pas _____tous_____ les garçons.

—_____Quels_____ sont les garçons qui ne peuvent pas partir?

—Michel et Jean-Claude.

—_____Quel_____ dommage! Michel skie très bien.

—_____Quel_____ train va-t-on prendre?

—Le train de neuf heures.

—De _____quelle_____ voie part-il?

—De la voie F.

K. Complete the paragraph by filling in each blank with *ce, cet, cette,* or *ces*.

Ce moniteur skie bien!

Regarde _____ces_____ pistes! _____Ce_____ moniteur skie très bien, n'est-ce pas?

_____Cette_____ fille là-bas est sa sœur, tu sais. Elle aussi, elle skie très bien. _____cet_____

anorak est magnifique, n'est-ce pas? Il est sans doute très cher!

L. Describe a day on the ski slopes by writing at least six sentences about what you see in the illustrations.

Une journée sur les pistes

Michel et Robert font du ski. Ils attendent le télésiège. Les skieurs montent sur la montagne. Michel descend très vite. Il perd un ski et il tombe. Il descend à pied. La monitrice crie « Michel ! » Mais Michel n'entend pas la monitrice.

C UN VOYAGE EN TRAIN

Révision

A. Answer these questions about yourself.

Chez moi

1. Qui sert le dîner chez toi? *Moi, je sers le dîner chez moi.*
2. Ta mère sert toujours un dessert? *Oui, elle sert toujours un dessert.*
3. À quelle heure sors-tu de l'école? *Je sors de l'école à trois heures.*
4. Sors-tu pendant le week-end? *Oui, je sors pendant le week-end.*
5. Tes amis et toi, où allez-vous le samedi? *Nous allons au cinéma.*
6. Dors-tu devant la télé? *Quelquefois je dors devant la télé.*
7. Vos parents dorment combien d'heures? *Ils dorment sept heures.*

B. Complete the conversation by filling in each blank with the correct form of the verb *partir* or *sortir*.

Les trains français

—Vous *partez (sortez)* avec nous?

—Oui, oui, nous *partons (sortons)* ce soir.

—À quelle heure *part* le train pour Carcassonne?

—À dix-neuf heures.

—Les trains français *partent* toujours à l'heure?

—Toujours!

C. Complete the description of Grégoire's trip by filling in each blank with the correct form of the verb indicated.

Le voyage de Grégoire

Je *retrouve* (retrouver) mon cousin Rafaël à la gare. Nous *allons* (aller) faire un voyage à Carcassonne. Nous *achetons* (acheter) nos billets et nous *attendons* (attendre). Le train *part* (partir) à dix-neuf heures. Il *sort* (sortir) de la gare. On *sert* (servir) le dîner dans le wagon-restaurant. Le voyage est long mais nous avons heureusement une couchette; Rafaël *dort* (dormir) bien mais moi, je *dors* (dormir) assez mal.

D. Include Liliane in this conversation. Begin *Nathalie et Liliane...*

On apprend à nager.

—Nathalie prend des leçons?

—Oui, elle apprend à nager. Elle veut apprendre à faire du ski nautique.

—Elle comprend toutes les explications?

—Ah, oui. Elle apprend très vite!

— Nathalie et Liliane prennent des leçons?
— Oui, elles apprennent à nager. Elles veulent apprendre à faire du ski nautique.
— Elles comprennent toutes les explications?
— Ah, oui. Elles apprennent très vite.

E. Tell what we are learning, according to each illustration.

Nous apprenons à nager?

1. Nous apprenons à _nager_.

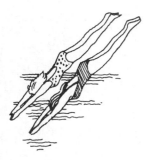 2. Nous apprenons à _plonger_.

3. Nous apprenons à _faire du ski nautique_.

 4. Nous apprenons à _faire de la plongée sous-marine_.

5. Nous apprenons à *faire de la planche à voile* .

F. Use each set of words to form a sentence that tells who learns which language.

Quelles langues apprend-on?

1. Nous/apprendre/le français *Nous apprenons le français.*
2. Tu/apprendre/l'espagnol *Tu apprends l'espagnol.*
3. Vous/comprendre/bien/l'italien? *Vous comprenez bien l'italien.*
4. Mes parents/comprendre/le russe *Mes parents comprennent le russe.*
5. Marcel/prendre/des leçons/de portugais *Marcel prend des leçons de portugais.*

6. Je/ne comprendre pas/l'arabe *Je ne comprends pas l'arabe.*

G. Answer these questions about yourself and your school.

On écrit et on lit.

1. Tu écris des lettres? *Oui, j'écris des lettres.*
2. Tu écris en français ou en anglais? *J'écris en français et en anglais.*
3. Ton professeur de maths écrit au tableau? Et tes profs de langues? *Oui, il (elle) écrit au tableau. Mes profs de langues écrivent au tableau aussi.*
4. Les élèves lisent bien? *Oui, ils lisent bien.*
5. Ils lisent les leçons tous les soirs? *Oui, ils lisent les leçons tous les soirs.*
6. Vos copains (copines) et toi, vous lisez correctement les exercices? *Oui, nous lisons correctement les exercices.*

H. Complete the paragraph about Vicky's letter by filling each blank with the correct form of the verb *écrire* or *décrire*.

À qui écrit Vicky?

Ce soir Vicky *écrit* une lettre. Son amie canadienne et elle s'*écrivent* souvent. Elles *décrivent* leurs classes et leurs amies. Nous aussi, nous *écrivons* à nos amis. Et toi, tu *écris* souvent des lettres?

I. Tell who reads which magazine according to what you know about them.

Quels magazines est-ce qu'on lit?

1. Vincent est sportif. _Il lit Les Sports Illustrés._
2. Pauline est élégante. _Elle lit La Mode._
3. Lisette et Ève aiment faire la cuisine. _Elles lisent La Bonne Cuisine._
4. Nous adorons «Les envahisseurs de l'espace». _Nous lisons Science Fiction_
5. J'aime les fleurs. _Je lis Joli Jardin._

J. Describe Joël's purchases by answering these questions. Use the correct direct object pronoun to replace the underlined words.

Jöel fait des achats.

1. Le vendeur regarde Joël? _Oui, il le regarde._
2. Joël salue le vendeur? _Oui, il le salue._
3. Il essaie les chaussures? _Oui, il les essaie._
4. Il achète les bottes? _Oui, il les achètent._
5. Il cherche la caisse? _Oui, il la cherche._
6. Il attend la caissière? _Oui, il l'attend._
7. Il donne l'argent à la caissière? _Oui, il le donne à la caissière._

K. Complete the conversation about Bruno's invitation by filling in each blank with an appropriate direct object pronoun.

L'invitation de Bruno

Bruno Richard! Richard!

Richard Qui est-ce qui ___m'___ appelle?

14

Jean-Loup	C'est Bruno qui _____t'_____ appelle.	
Richard	Pourquoi est-ce qu'il _____me_____ cherche?	
Jean-Loup	Je ne sais pas. Va _____le_____ voir. Il est là-bas.	
Richard	Salut Bruno, tu _____me_____ cherches?	
Bruno	Oui, j'ai des billets pour le concert ce soir. Je _____t'_____ invite.	
Richard	Ça c'est chouette alors! Merci. Et Jean-Loup?	
Bruno	Je _____l'_____ invite aussi.	
Richard	Eh, Jean-Loup! Viens! Bruno _____nous_____ invite au concert tous les deux.	
Jean-Loup	Tu es un copain formidable! Merci!	

L. Write five or six sentences about an interesting day. Are you going shopping? To a restaurant? To the beach? With whom? What will you buy/order/do? To whom will you speak? When you will go home?

Une journée intéressante

Aujourd'hui je vais faire des courses avec Sylvie. Je vais essayer des vêtements de sport. J'ai besoin d'un short et d'un maillot de bain. Sylvie a besoin d'un blue-jean. Nous allons au grand magasin. Après ça nous allons déjeuner au restaurant. Je vais prendre un sandwich et un verre de lait. À trois heures nous allons rencontrer des amis et nous allons nager dans la piscine.

Révision D — Les jeux vidéo

A. Write the day of the week and the date.

Quelle est la date?

Aujourd'hui c'est le mercredi 3.

1. Demain c'est _le jeudi 4._
2. Hier c'était _le mardi 2._
3. Avant-hier c'était _le lundi 1._

B. Read about Suzanne and Lucie's day, and then answer the questions that follow.

On va en ville.

Suzanne et Lucie ont passé l'après-midi en ville. Suzanne a acheté une nouvelle robe verte et Lucie a choisi un chemisier bleu. Ensuite les filles ont déjeuné dans un petit restaurant sympa. Elles ont pris une salade au poulet. Elles n'ont pas commandé de dessert. Après ça, elles ont décidé d'aller au cinéma. La caissière leur a vendu les billets et l'ouvreuse a conduit les deux amies à leurs places. Lucie a donné un pourboire à l'ouvreuse. Après le film, les filles ont attendu l'autobus. Elles ont pris le numéro 16.

1. Où est-ce que Suzanne et Lucie ont passé l'après-midi? _Elles ont passé l'après-midi en ville._
2. Qu'est-ce que Suzanne a acheté? _Elle a acheté une nouvelle robe verte._
3. Qu'est-ce que Lucie a choisi? _Elle a choisi un chemisier bleu._
4. Où ont-elles déjeuné? _Elles ont déjeuné dans un petit restaurant sympa._
5. Qu'est-ce qu'elles ont pris? _Elles ont pris une salade au poulet._
6. Où ont-elles décidé d'aller? _Elles ont décidé d'aller au cinéma._
7. Qui leur a vendu les billets? _La caissière leur a vendu les billets._
8. Qui a conduit les filles à leurs places? _C'est l'ouvreuse qui a conduit les filles à leurs places._
9. À qui est-ce que Lucie a donné un pourboire? _Elle a donné un pourboire à l'ouvreuse._
10. Quel autobus ont-elles pris? _Elles ont pris le numéro 16._

C. **Answer these questions about your summer vacation. Use the *passé composé*.**

Pendant les vacances

1. Tu as passé un mois au bord de la mer? *Oui, j'ai passé un mois au bord de la mer.*

2. Tu as beaucoup nagé? *Oui, j'ai beaucoup nagé.*

3. Tes parents ont nagé aussi? *Oui, ils ont nagé aussi.*

4. Vous avez dîné dans un bon restaurant? *Oui, nous avons dîné dans un bon restaurant.*

5. Qu'est-ce que vous avez commandé? *J'ai commandé un steak-frites.*

6. Est-ce que tes parents ont commandé du café? *Oui, ils ont commandé du café.*

7. Avez-vous mangé beaucoup de glaces? *Oui, nous avons mangé beaucoup de glaces.*

8. Tu as grossi? *Non, je n'ai pas grossi.*

9. Est-ce que ton père a grossi? *Non, il n'a pas grossi.*

10. Avez-vous dormi sous la tente? *Oui, nous avons dormi sous la tente.*

D. **Complete the paragraph about the boys' activities by filling in each blank with the *passé composé* of the verb indicated.**

Un samedi avec Serge

Samedi mon ami Serge et moi nous *avons acheté* (acheter) des cassettes pour son flipper. Il *a choisi* (choisir) les plus connues. Nous *avons joué* (jouer) tout l'après-midi chez lui. Après le dîner nous *avons attendu* (attendre) notre ami Guillaume au café. Ensuite nous *avons retrouvé* (retrouver) les copines à Beaubourg. Nous *avons applaudi* (applaudir) les musiciens sur la place. Avant de rentrer, nous *avons mangé* (manger) des frites.

E. **Tell what Jean received for his birthday. Add *lui* to each of the following sentences.**

Qu'est-ce que Jean a reçu?

1. Marie a donné une cassette. *Marie lui a donné une cassette.*

2. Olivier a donné un disque. *Olivier lui a donné un disque.*

3. Eric et Colette ont donné des gants. *Eric et Colette lui ont donné des gants.*

4. Tu as donné un livre. _Tu lui as donné un livre._

5. Ma sœur et moi, nous avons donné un poster. _Ma sœur et moi, nous_ _lui avons donné un poster._

F. Look at the illustrations and write Jean's sister's answers to the question: *Est-ce qu'on lui a donné* _____?

Les cadeaux de Jean

1. _On lui a donné une guitare. (On ne lui a pas donné de guitare.)_

2. _On lui a donné des skis. (On ne lui a pas donné de skis.)_

3. _On lui a donné une cravate. (On ne lui a pas donné de cravate.)_

4. _On lui a donné une chemise. (On ne lui a pas donné de chemise.)_

5. _On lui a donné des disques._

6. _On lui a donné des cassettes._

18

G. **Help Jean tell his parents about his gifts. Fill in each blank with an appropriate indirect object pronoun.**

On m'a donné...

Jean a montré ses cadeaux à ses parents.

—Regardez! Marie _____*m'*_____ a donné une cassette et Oliver _____*m'*_____ a donné un disque.

—Et Eric et Colette, qu'est-ce qu'ils _____*t'*_____ ont donné?

—Eux, ils _____*m'*_____ ont donné des gants. Ils sont jolis, n'est-ce pas?

—Ton père et moi, nous _____*te*_____ donnons un flipper. Qu'est-ce que tu _____*nous*_____ dis?

—Un flipper?! Incroyable! Merci, merci mille fois!

H. **Answer these questions about Christmas. Use *lui* or *leur* in each answer.**

Les cadeaux de Noël

1. As-tu donné un cadeau à ton père? *Oui, je lui ai donné un cadeau.*
2. Tu lui as donné une cravate? *Oui, je lui ai donné une cravate.*
3. As-tu donné un cadeau à ta mère? *Oui, je lui ai donné un cadeau.*
4. Tu lui as donné du parfum? *Non, je ne lui ai pas donné de parfum.*
5. Tu as donné des cadeaux à tes sœurs et à tes frères? *Oui, je leur ai donné des cadeaux.*
6. As-tu envoyé des cartes de Noël à tes amis? *Oui, je leur ai envoyé des cartes de Noël.*
7. Tu leur as téléphoné le jour de Noël? *Oui, je leur ai téléphoné le jour de Noël.*
8. Tu leur as souhaité Joyeux Noël? *Oui, je leur ai souhaité Joyeux Noël.*

I. **Describe a party that you attended recently. Tell who gave it, where, for whom, who attended, what gifts he/she received, what the host/hostess served, what the guests did. Write at least six sentences. Use the *passé composé* and at least three indirect object pronouns.**

À la fête

Samedi Marie-Claire a donné une fête pour l'anniversaire de Thomas. Tous les amis sont allés à la fête. Marie-Claire nous a servi des sandwiches, du coca et un joli gâteau. Thomas a reçu plusieurs cadeaux. Rosalie lui a donné un livre. Marc lui a donné un disque. Moi, je lui ai donné une chemise.

Révision E LES VACANCES D'ÉTÉ

A. Read the paragraph about Carole's letter, and then answer the questions that follow.

Carole a reçu une lettre.

Carole a reçu une lettre de Françoise, son amie française. Elle a lu la lettre et elle lui a répondu tout de suite. Elle a écrit à Françoise une longue lettre. Elle lui a décrit ses vacances au bord de la mer en Virginie. Elle lui a demandé: «As-tu jamais fait de la planche à voile? C'est chouette!»

1. De qui est-ce que Carole a reçu une lettre? _Elle a reçu une lettre de Françoise, son amie française._

2. Est-ce qu'elle a répondu tout de suite à Françoise? _Oui, elle lui a répondu tout de suite._

3. Qu'est-ce qu'elle lui a écrit? _Elle lui a écrit une longue lettre._

4. Qu'est-ce qu'elle a décrit? _Elle a décrit ses vacances au bord de la mer en Virginie._

5. Qu'est-ce que Carole a fait pendant les vacances? _Pendant les vacances elle a fait de la planche à voile._

B. Answer these questions about your recent activities.

Qu'est-ce que tu as fait?

1. Tu as reçu une lettre récemment? _Oui, j'ai reçu une lettre._

2. Tu as lu la lettre à ton copain (ta copine)? _Oui, je lui ai lu la lettre._

3. Tu as écrit une lettre ce mois-ci? _Oui, j'ai écrit une lettre ce mois-ci._

4. À qui est-ce que tu as écrit? _J'ai écrit à mon ami Philippe._

5. Qu'est-ce que tu lui as dit? _Je lui ai décrit mes vacances d'été._

6. Tu as pris des leçons de ski cet été? _Non, je n'ai pas pris de leçons de ski cet été._

7. Tu as appris à faire du ski nautique? _Oui, j'ai appris à faire du ski nautique._

8. Tu as compris toutes les leçons hier soir? _Oui, j'ai compris toutes les leçons._

9. Tu as fait un gâteau au chocolat? _Oui, j'ai fait un gâteau au chocolat._

10. Tu as bu du lait aujourd'hui? _Oui, j'ai bu du lait aujourd'hui._

11. Tu as connu un Français? _Oui, j'ai connu un Français._

C. Describe Paulette and Victor's evening by rewriting the paragraph in the *passé composé*. (Do not change *va venir*.)

Josette a invité tout le monde!

Paulette et Victor sont au cinéma. Ils voient un bon film américain. Ils lisent les sous-titres en français et ils comprennent le film. À sept heures ils retrouvent leurs copains dans un petit café. Les amis boivent une citronnade et ils bavardent. Josette promet d'inviter Paulette et Victor à une surprise-partie chez elle dimanche soir. Paulette lui demande: «Qui va venir?» et Josette répond: «Tout le monde!»

Paulette et Victor sont allés au cinéma. Ils ont vu un bon film américain. Ils ont lu les sous-titres en français et ils ont compris le film. À sept heures ils ont retrouvés leurs copains dans un petit café. Les amis ont bu une citronnade et ils ont bavardé. Josette a promis d'inviter Paulette et Victor à une surprise-partie chez elle dimanche soir. Paulette lui a demandé: «Qui va venir?» et Josette a répondu: «Tout le monde!»

D. Write a letter to a friend telling what lessons you have taken recently and/or what you have learned to do. Write at least six sentences.

J'ai beaucoup appris!

prendre des leçons de tennis, golf, ski
apprendre à jouer au golf, au tennis, au football, au volley, au Scrabble, au
  Trivial Pursuit
apprendre à jouer du piano, de la guitare
apprendre à danser, à monter à cheval, à faire du ski nautique, à piloter un
  avion, à faire du jogging, à faire de l'aérobic, à faire un gâteau, à faire une
  salade niçoise, à vérifier les pneus

J'ai pris des leçons de tennis. J'ai appris à jouer au tennis.
J'ai appris à jouer au Trivial Pursuit.
J'ai pris des leçons de piano. Mais je n'ai pas appris à jouer du piano.
J'ai pris des leçons de danse. J'ai appris à danser la samba.

Nom _____

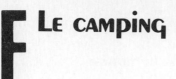

F Le camping

Révision

A. Choose the expression that best completes the sentence. Circle the letter of the correct response.

On fait du camping.

1. Charles monte une _____.

   a. toilette   b. douche   (c.) tente

2. Le terrain de camping s'appelle _____.

   (a.) Les Pins   b. le chemin   c. La Caravane

3. Le terrain de camping se trouve sur _____.

   a. l'installation   (b.) la plage   c. le petit chemin

4. On dort dans un _____.

   a. sac à dos   (b.) sac de couchage   c. sac à main

5. Dans la salle de bains on prend _____.

   (a.) une douche   b. un bain de mer   c. un bain de soleil

6. Pour aller à la plage on prend _____.

   a. la brosse   b. le miroir   (c.) le chemin

B. Complete the description of a morning's activities by filling in each blank with the correct reflexive pronoun.

Le matin de bonne heure

Le matin mes parents ___*se*___ réveillent de bonne heure. Maman crie: «Julie, lève-___*toi*___!» Et je ___*me*___ lève. Notre chat ne ___*se*___ réveille pas. Il adore dormir! Nous ___*nous*___ lavons et nous ___*nous*___ habillons vite. Mon père ___*se*___ dépêche parce ce qu'il ne veut pas être en retard. Moi, je ___*m'*___ arrête toujours chez mon amie Charlotte. Le lycée ___*se*___ trouve tout près de chez elle.

C. Write a sentence about each illustration, telling what Gilbert is doing. You may add the time if you wish.

La journée de Gilbert

1. *Gilbert se réveille à sept heures.*

22

2. Il se lève tout de suite.

3. Il se lave.

4. Il se rase.

5. Il se brosse les dents.

6. Il s'habille.

7. Il se couche à dix heures.

8. Il s'endort immédiatement.

D. Poor Marthe does not feel well this morning. Write sentences telling what she does not do.

Marthe ne va pas bien.

se lever   s'habiller
se laver   se brosser les cheveux
se brosser les dents   se regarder dans le miroir

1. Ce matin Marthe ne _se lève pas_.
2. Ce matin Marthe ne _se lave pas_.
3. Ce matin Marthe ne _se brosse pas les dents_.
4. Ce matin Marthe ne _s'habille pas_.
5. Ce matin Marthe ne _se brosse pas les cheveux_.
6. Ce matin Marthe ne _se regarde pas dans le miroir_.

E. Compare your weekday schedule with your weekend schedule. You may add adverbs, negatives, and other details.

Vive le dimanche!

se laver   s'amuser
se brosser les dents   se reposer
s'habiller   se promener
se dépêcher

En semaine je me réveille à six heures. Mais le dimanche je me réveille à dix heures.
En semaine je me lave, je me brosse les dents et je m'habille vite. Mais le dimanche je ne me dépêche pas. Le week-end je me repose un peu de mon travail. J'aime me promener sur la plage et bavarder avec des copains.

F. Complete the conversation by filling in each blank with a reflexive object pronoun, if it is required. Write an X in the blank if no pronoun is required.

Des chansons amusantes

—Qui est ce garçon là-bas?

—Lui? Il _s'_ appelle Thomas.

—Il _s'_ amuse beaucoup, n'est-ce pas?

—Oui, et il _X_ amuse tout le monde avec ses chansons. Je _me_ demande où il _X_ trouve ces chansons.

—Tu connais le café qui _se_ trouve près de la banque?

—Bien sûr!

—C'est là qu'il les apprend.

24

G. You are conducting a poll about personal habits. Write two sets of
questions as you would ask them of your classmates and of your
teachers.

Un sondage

Demandez: à quelle heure ils se lèvent, s'ils s'habillent lentement ou
rapidement, s'ils chantent quand ils prennent leur douche, s'ils se regardent dans le
miroir quand ils se brossent les dents, à quelle heure ils se couchent.

Tu te lèves à quelle heure? Tu t'habilles
lentement ou rapidement? Tu chantes quand tu
prends ta douche? Tu te regardes dans le
miroir quand tu te brosses les dents? Tu
te couches à quelle heure?

Vous vous levez à quelle heure? Vous vous
habillez lentement ou rapidement? Vous chantez
quand vous prenez votre douche? Vous vous
regardez dans le miroir quand vous vous
brossez les dents? Vous vous couchez à
quelle heure?

1 LES jours de fête

Leçon 1

Vocabulaire

A. Look at the calendars. Which holidays are marked?

Les fêtes

NOVEMBRE						
①	2	3	4	5	6	
7	8	9	10	11	12	13
14	15	16	17	18	19	20
21	22	23	24	25	26	27
28	29	30				

1. _La Toussaint_

DÉCEMBRE						
			1	2	3	4
5	6	7	8	9	10	11
12	13	14	15	16	17	18
19	20	21	22	23	24	㉕
26	27	28	29	30	31	

2. _Noël_

JANVIER					
①	2	3	4	5	
6	7	8	9	10	11	12
13	14	15	16	17	18	19
20	21	22	23	24	25	26
27	28	29	30	31		

3. _le Jour de l'an_

NOVEMBRE						
1	②	3	4	5	6	
7	8	9	10	11	12	13
14	15	16	17	18	19	20
21	22	23	24	25	26	27
28	29	30				

4. _le jour des Morts_

B. Complete the description of French holidays by filling in each blank with an appropriate word.

Les jours de fête

1. Le dimanche de _Pâques_, on mange de l'agneau.
2. En décembre, les lycéens se souhaitent un Joyeux _Noël_.
3. Le 24 décembre, beaucoup de gens assistent à la _messe_ de minuit.
4. Le dessert traditionnel du réveillon s'appelle une _bûche_ de Noël.
5. Le jour des _Morts_, tout le monde va au cimetière.
6. Nos parents ont mis des cadeaux sous l'_arbre_ de Noël.

C. Look at the illustrations and then complete the sentences by filling in each blank with an appropriate word.

On s'amuse.

1. Les enfants veulent aller à la
   fête
   foraine.

2. Ils vont s'amuser sur le
   manège.

3. Leurs parents se promènent et visitent les
   stands.

4. C'est le jour de Pâques: on décore la table
   avec des _œufs durs_
   colorés.

D. Chose the correct completion in column B for each phrase in column A. Then write the corresponding letter in the blank.

En quelle saison?

A	B
1. La Toussaint est _c_.	a. au printemps
2. Nous faisons du ski _d_.	b. en été
3. Les grandes vacances sont _b_.	c. en automne
4. Pâques tombe _a_.	d. en hiver

Structure

E. Rewrite each sentence about Marie-Claude's letter in the *passé composé*.

La lettre de Marie-Claude

1. Marie-Claude écrit une lettre. *Marie-Claude a écrit une lettre.*
2. Tu reçois la lettre de Marie-Claude. *Tu as reçu la lettre de Marie-Claude.*
3. Elle voit un film très intéressant. *Elle a vu un film très intéressant.*
4. Nous lisons la lettre de Marie-Claude. *Nous avons lu la lettre de Marie-Claude.*
5. Elle promet d'envoyer une carte postale la semaine prochaine. *Elle a promis d'envoyer une carte postale la semaine prochaine.*

F. Rewrite the following anecdote in the *passé composé*.

Après le match

Nous voyons le match de football. Après le match, nous prenons quelque chose au café. Mais le garçon ne comprend pas quand je lui dis «Deux cocas, s'il vous plaît.» Il met deux cafés au lait sur la table. Qu'est-ce que nous faisons? Nous buvons du café. Après ça je fais les courses.

Nous avons vu le match de football. Après le match, nous avons pris quelque chose au café. Mais le garçon n'a pas compris quand je lui ai dit, "Deux cocas, s'il vous plaît. Il a mis deux cafés au lait sur la table. Qu'est-ce que nous avons fait? Nous avons bu du café. Après ça j'ai fait les courses.

G. Complete the conversation by filling in each blank with the correct past participle of the verb indicated.

As-tu appris le français?

—Est-ce que tu as ___*fait*___ (faire) beaucoup de français l'année dernière?

—Mais oui, j'ai ___*appris*___ (apprendre) le français avec Mme Leclerc.

—As-tu ___*compris*___ (comprendre) toutes les règles?

—Bien sûr, parce que j'ai ___*lu*___ (lire) attentivement notre livre de français.

—Est-ce que tu as ___*écrit*___ (écrire) des cartes postales en français à tes amis?

—Ah, non! J'ai ___*promis*___ (promettre) à Michel et à Marie de leur écrire souvent, mais je ne l'ai pas ___*fait*___ (faire).

—C'est dommage!

H. Complete the sentences about Richard by filling in each blank with the present tense of the verb indicated.

La journée de Richard

1. Richard ___*se lève*___ à sept heures du matin. **se lever**

2. À quelle heure vous *réveillez-vous* ? **se réveiller**

3. Richard *se lave* dans la salle de bains et il *s'habille* dans sa chambre. **se laver, s'habiller**

4. En semaine, Richard et sa sœur *se dépêchent* parce qu'ils ne veulent pas être en retard. **se dépêcher**

5. En décembre, Richard et ses copains *s'amusent* beaucoup à l'école. **s'amuser**

6. Ils *se souhaitent* un Joyeux Noël. **se souhaiter**

I. Answer these questions about yourself in the negative.

Que faites-vous?

1. Vous rasez-vous dans la cuisine? *Non, je ne me rase pas dans la cuisine.*

2. Vous amusez-vous quand il pleut à la fête foraine? *Non, je ne m'amuse pas quand il pleut à la fête foraine.*

3. Vous et vos amis, est-ce que vous vous écrivez souvent? *Non, nous ne nous écrivons pas souvent.*

4. Vous couchez-vous à sept heures du soir? *Non, je ne me couche pas à sept heures du soir.*

5. Vous demandez-vous s'il fait beau aujourd'hui? *Non, je ne me demande pas s'il fait beau aujourd'hui.*

6. Vous réveillez-vous à trois heures? *Non, je ne me réveille pas à trois heures.*

7. Vous dépêchez-vous pendant le week-end? *Non, je ne me dépêche pas pendant le week-end.*

J. Complete the paragraph about a rainy day by filling in each blank with *parce que* or *à cause de*.

Un jour de pluie

Aujourd'hui les enfants n'ont pas le moral *à cause de* la pluie. Il n'y a pas de classe *parce que* c'est un jour de fête. Mais les enfants ne peuvent pas aller à la fête foraine *parce qu'* il pleut. Ils pleurent *à cause du* mauvais temps.

Un peu plus: Vocabulaire et culture

K. Read the following selection about Bastille Day.

La fête nationale

Vous avez lu que beaucoup de fêtes en France sont religieuses. Mais il y a une fête importante qui n'est pas religieuse. C'est la fête nationale.

La fête nationale est le 14 juillet. On célèbre cette fête pour commémorer la prise• de la Bastille, une forteresse-prison de Paris. Le peuple de Paris a attaqué cette prison le 14 juillet 1789. Des révolutionnaires ont libéré les prisonniers.

Cette date marque donc le commencement de la Révolution française. Tout le monde connaît la devise• de la Révolution: Liberté, Égalité, Fraternité!

Beaucoup de Français de ce temps-là ont pris comme modèle la révolution américaine de 1776. En effet, la France a aidé les Américains dans leur lutte• pour l'indépendance.

On a appelé les révolutionnaires français les sans-culottes•. Ils ont chanté dans les rues l'hymne qui s'appelle la Marseillaise. Ce chant est maintenant l'hymne national français. Il commence par ces mots: «Allons, enfants de la patrie! Le jour de gloire est arrivé!»

En France on célèbre joyeusement la fête nationale. On décore les places publiques avec des drapeaux tricolores•. Les lycéens sont en vacances, naturellement, parce que la fête a lieu en été. Ce jour-là, personne, ou presque, ne travaille. Les parents ont congé et tout le monde va voir le grand défilé militaire. Toute la soirée, les jeunes gens dansent en plein air. Toutes les villes, petites et grandes, organisent des feux d'artifice•. Ainsi la fête nationale en France ressemble au 4 juillet aux États-Unis!

•**prise** *capture*   •**devise** *motto*   •**lutte** *struggle*   •**sans-culottes** *extreme republicans, so named because they wore trousers rather than the* **culottes** *(breeches) of the upper classes*   •**tricolores** *French flags (the three colors are* **bleu, blanc, rouge***)*
•**feux d'artifice** *fireworks*

L. Answer these questions about Bastille Day based on the passage in Exercise K.

Le jour de gloire est arrivé!

1. Quelle est la date de la fête nationale? *La fête nationale est le 14 juillet.*

2. Pourquoi est-ce qu'on célèbre cette fête? *On célèbre cette fête pour commémorer la prise de la Bastille.*

3. Quelle est la devise de la Révolution de 1789? *La devise est Liberté, Égalité, Fraternité*

4. Qu'est-ce que c'est que la Marseillaise? *C'est l'hymne national français.*

5. Comment décore-t-on les places publiques le 14 juillet? *On décore les places publiques avec des drapeaux tricolores.*

6. Est-ce que les parents ont congé? *Oui, ils ont congé.*

7. Est-ce que les jeunes gens dansent? Où dansent-ils? *Oui, ils dansent en plein air.*

8. En quoi la fête nationale française ressemble-t-elle au 4 juillet aux États-Unis? *On organise partout des feux d'artifice.*

M. French and English equivalents

There are quite a few new words in the passage you read in Exercise K. Nevertheless, you can probably understand the passage and answer the questions about it with little difficulty. Some new words are defined in the vocabulary notes. It is easy to guess the meanings of other new words because they are cognates. Here are some of the cognates used in the passage. Give their English equivalents.

1. forteresse _fortress_
2. prison _prison_
3. commémorer _commemorate_
4. indépendance _independence_
5. attaquer _to attack_
6. révolutionnaire _revolutionary_
7. libérer _to liberate_
8. Liberté, Égalité, Fraternité _Liberty, Equality, Fraternity_
9. modèle _model_
10. ressemble à _resembles_

Pour s'amuser

N. Unscramble the letters and write the words in the corresponding spaces. Then read down the heavily outlined line to reveal the name of an important personage.

1. R O O L C S E
2. E N A A G U
3. U A S P Q E
4. R F U E L
5. E R R A B

6. S E M E S
7. N I D E D
8. B O T E M
9. E A A D U C
10. I L V N R E E O L

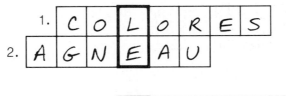

1. C O L O R E S
2. A G N E A U

3. P A Q U E S
4. F L E U R
5. A R B R E
6. M E S S E

7. D I N D E
8. T O M B E
9. C A D E A U
10. R E V E I L L O N

2 LE MONT-SAINT-MICHEL

Leçon

Vocabulaire

A. Complete the following sentences by filling in each blank with an appropriate word.

Dans la baie

1. Une petite île s'appelle un ___îlot___ .

2. Le ___Mont___ Blanc est le plus haut sommet des Alpes.

3. Les ___pèlerins___ font un pèlerinage au monastère.

4. Le bateau traverse la ___baie___ .

5. À marée ___basse___ , on ne peut pas traverser la baie en bateau.

B. Look at the illustrations and then choose the best completion for each sentence. Circle the corresponding letter.

Le monastère-forteresse

1. Il y a deux petits _____ dans la baie.

    (a.) îlots   b. évêques

2. Les rues de la ville sont _____ .

    a. grandes   (b.) étroites

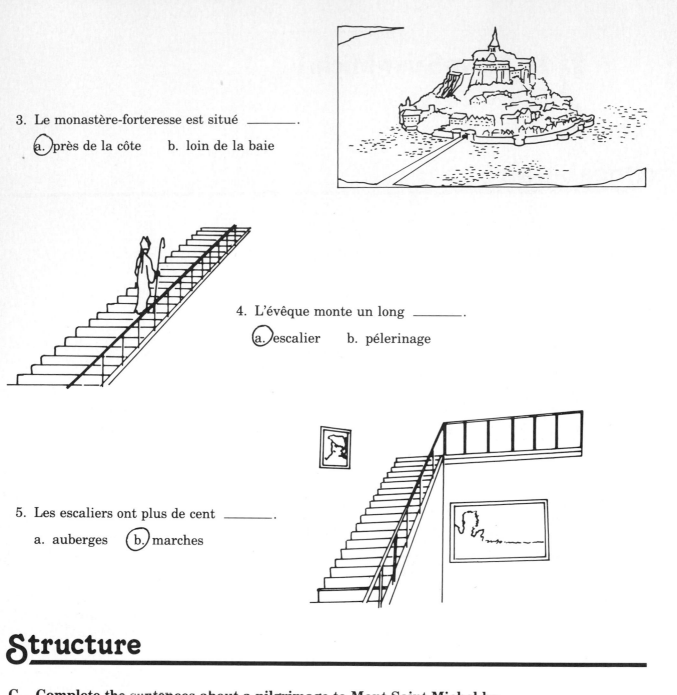

3. Le monastère-forteresse est situé _____.

   a. près de la côte   b. loin de la baie

4. L'évêque monte un long _____.

   a. escalier   b. pèlerinage

5. Les escaliers ont plus de cent _____.

   a. auberges   b. marches

Structure

C. **Complete the sentences about a pilgrimage to Mont-Saint-Michel by filling in each blank with the correct form of the *passé composé* of the verb indicated.**

Un pèlerinage

1. L'évêque *est sorti* _____ de l'église. **sortir**

2. Il *est monté* _____ sur les remparts avec les pèlerins. **monter**

3. Ils *sont arrivés* _____ sur la terrasse. **arriver**

4. Ensuite, l'évêque *est allé* _____ avec les pèlerins pour admirer le panorama. **aller**

5. Les pèlerins *sont partis* _____ à six heures. **partir**

6. L'évêque *est descendu* _____ avec eux. **descendre**

34

Nom _____

D. Complete the letter from Monique by filling in each blank with the correct form of the *passé composé* of the verb indicated.

Quel week-end!

> Saint-Malo, le 5 août
>
> Chère Brigitte,
>
> Quel week-end! Nicole et moi, nous _sommes arrivées_ (arriver) à Saint-Malo vendredi soir. Nous _sommes descendues_ (descendre) à l'auberge du Lion Rouge. Ensuite, nous _sommes sorties_ (sortir) dans les rues étroites et nous _sommes allées_ (aller) jusqu'au centre de la ville. Enfin nous _avons trouvé_ (trouver) un restaurant ouvert et nous y _sommes entrées_ (entrer). Le lendemain matin nous ne _sommes_ pas _sorties_ (sortir) de l'auberge à cause de la pluie. Dimanche nous _sommes montées_ (monter) sur les remparts avec des amis. Quel panorama impressionnant!
>
> Bien affectueusement à toi,
> Monique

E. Answer the following questions about the letter that Monique wrote.

La lettre de Monique

1. Est-ce que Monique et Nicole sont arrivées à Saint-Malo samedi matin? _Non, elles sont arrivées vendredi soir._

2. Sont-elles descendues à l'auberge du Lion Rouge? _Oui, elles sont descendues à l'auberge du Lion Rouge._

3. Est-ce qu'elles sont sorties dans des rues étroites de la ville? _Oui, elles sont sorties dans les rues étroites de la ville._

4. Sont-elles allées jusqu'au centre de la ville? _Oui, elles sont allées jusqu'au centre de la ville._

5. Est-ce qu'elles sont parties le samedi? _Non, elles ne sont pas parties le samedi._

6. Pourquoi sont-elles restées à l'auberge le samedi? _Elles sont restées à l'auberge à cause de la pluie._

7. Quand sont-elles montées sur les remparts avec des amis? _Dimanche elles sont montées sur les remparts avec des amis._

F. Rewrite the following sentences about a trip to Normandy in the *passé composé*.

On va en Normandie!

1. Je pars à six heures en voiture avec mes amis. _Je suis parti(e) à six heures en voiture avec mes amis._

2. Nous allons en Normandie. _Nous sommes allés en Normandie._

3. Chantal et Marie viennent dire au revoir. _Chantal et Marie sont venues dire au revoir._

4. Elles arrivent chez nous en taxi. _Elles sont arrivées chez nous en taxi._

5. Elles entrent dans la maison pour un moment. _Elles sont entrées dans la maison pour un moment._

6. Alain arrive avec les clés de la voiture. _Alain est arrivé avec les clés de la voiture._

7. Nous sortons ensemble. _Nous sommes sortis ensemble._

8. Alain et Michel rentrent chez eux. _Alain et Michel sont rentrés chez eux._

36

G. Complete the conversation by filling in each blank with the correct form of the *passé composé* of the verb indicated.

Henri a aidé les voyageurs.

—Vous *avez descendu* (descendre) les bagages, Henri?

—Oui, et j' *ai monté* (monter) les petits déjeuners au deuxième étage.

—Nous sommes en retard. Est-ce que vous *avez sorti* (sortir) la voiture?

—Bien sûr. Nous allons accompagner Hélène à Chartres. Elle n' *est* pas

encore *sortie* (sortir) de l'auberge.

H. Complete the sentences about a day at Mont-Saint-Michel by filling in each blank with the correct form of the *passé composé* of the verb indicated.

Au Mont-Saint-Michel

1. Nous *sommes arrivés* au Mont-Saint-Michel à dix heures du matin. **arriver**

2. Vous *êtes monté(e)(s)(es)* au sommet du Mont. **monter**

3. Tu *as choisi* un souvenir vraiment amusant. **choisir**

4. Je *suis rentré(e)* à l'auberge à six heures. **rentrer**

5. Elles *ont pris* un café au lait et elles *sont parties* de l'auberge à huit heures. **prendre, partir**

6. Est-ce qu'ils *sont arrivés* au Mont avec les pèlerins? **arriver**

7. Ils ne *sont* pas *sortis* de l'église. **sortir**

8. Marc *est tombé* dans l'escalier. **tomber**

9. Est-ce que vous *avez trouvé* le panorama vraiment impressionnant? **trouver**

10. Le groupe *est revenu* à Paris le dimanche. **revenir**

Un peu plus: Vocabulaire et culture _____

I. Read Juliette's letter to Marie.

Une excursion à Chartres

Paris, le 27 avril

Ma chère Marie,

    J'ai reçu ta lettre ce matin. Je suis heureuse que tu aies l'intention de voyager en France cet été! Écris-moi la date de ton arrivée à Paris. Je voudrais arranger une excursion à Chartres avec mon cousin Georges. Est-ce que tu connais Chartres? C'est une ville charmante qui se trouve à 80 kilomètres au sud-ouest de Paris. Le trajet se fait en deux heures. Nous pouvons prendre le train. Il y a des départs fréquents.

    Tu te rappelles notre excursion au Mont-Saint-Michel l'année dernière? Je pense que tu trouveras la cathédrale de Chartres aussi intéressante que le Mont. La cathédrale est gothique. Elle est considérée comme l'une des merveilles de toute l'Europe. Aucune photo ne peut te donner une impression juste de l'architecture. Les vitraux sont parmi les plus beaux de France! Georges fait des études d'architecture et il sera notre guide. Il peut nous expliquer toutes les particularités de la cathédrale.

    Si tu veux, nous pouvons passer la nuit à Chartres. Je connais une auberge ravissante. La cuisine y est très bonne. Le lendemain nous irons voir le château de Rambouillet.
    J'attends ta visite avec impatience,
        Bien affectueusement,
           Juliette

• **aies l'intention de** *plan to*   • **trajet** *trip*   • **te rappelles** *remember*
• **particularités** *special features*

38

J. Answer these questions about Juliette's letter.

La lettre de Juliette

1. Est-ce que Marie va voyager en France? *Oui, elle va voyager en France.*

2. Est-ce que Chartres se trouve loin de Paris? *Non, Chartres n'est pas loin de Paris.*

3. Comment peut-on faire le trajet de Paris à Chartres? *On peut prendre le train.*

4. Où Marie et Juliette sont-elles allées l'année dernière? *L'année dernière elles sont allées au Mont-Saint-Michel.*

5. Est-ce que la cathédrale de Chartres est de style gothique? *Oui, la cathédrale est gothique.*

6. Quel programme propose Juliette pour le lendemain? *Elle propose une excursion au château de Rambouillet.*

Pour s'amuser

K. Fit the words below into the spaces of the puzzle.

île
mont
îlot
côte
baie
basse
marée
haute
hôtel
banque
évêque
manche
auberge
étroite
pèlerins
monastère
pèlerinage

Nom _____

3 L'écologie
Leçon

Vocabulaire

A. Complete the following sentences by filling in each blank with an appropriate word.

Un oiseau intéressant

1. La _cigogne_ est un oiseau au long bec.
2. Le dos et les _ailes_ de cet oiseau sont noirs.
3. Comme tous les oiseaux, les cigognes font un _nid_ pour leurs petits.
4. Les nids des oiseaux se trouvent souvent sur le _toit_ d'une maison ou dans une _haie_.
5. Les oiseaux dans le nid ne sont pas _menacés_ ou en danger.
6. Les _écologistes_ luttent pour la protection des espèces menacées.
7. L'_ornithologue_ étudie les oiseaux et les catalogue.

B. Answer the following questions about the environment.

Les problèmes écologiques

1. Que fait un ornithologue? _Il étudie les oiseaux._

2. Est-ce que les écologistes luttent contre la pollution de l'environnement? _Oui, ils luttent contre la pollution de l'environnement._

3. Est-ce que les problèmes écologiques sont universels? _Oui, ils sont universels._

4. Est-ce que l'ornithologue catalogue les espèces végétales? _Non, il catalogue les oiseaux._

5. Où se cache l'ornithologue quand il veut étudier des oiseaux? _Il se cache derrière une haie._

40

Nom _____

C. Look at the illustrations and then answer the questions.

Décrivez la cigogne.

1. Décrivez la cigogne. *La cigogne a un long bec. Elle a le dos et les ailes noirs.*

2. Où se trouve le nid de cet oiseau? *Il se trouve sur le toit d'une maison.*

3. Qu'est-ce qu'il y a dans le nid? *Il y a trois oeufs dans le nid.*

4. Contre quel danger luttent les écologistes? *Ils luttent contre la pollution de l'air.*

D. Complete the description of the goals of an ecologist by filling in each blank with an appropriate word.

Que veut l'écologiste?

Il (elle) veut:

1. sauver les *espèces* menacées d'extinction.
2. lutter contre la *pollution* de l'environnement.
3. conserver l'*énergie*.

Structure

E. **Answer the questions, substituting the correct pronouns for the underlined words. Make any other necessary changes.**

Je voudrais préserver l'environnement.

1. Avez-vous regardé les oiseaux? _Oui, je les ai regardés._
2. Avez-vous rencontré l'écologiste? _Oui, je l'ai rencontré(e)._
3. Avez-vous étudié les problèmes de l'environnement? _Oui, je les ai étudiés._
4. Avez-vous catalogué les espèces d'animaux? _Oui, je les ai cataloguées._
5. Avez-vous aidé les écologistes? _Oui, je les ai aidé(e)s._
6. Avez-vous préservé l'environnement? _Oui, je l'ai préservé._
7. Avez-vous vu les nids? _Oui, je les ai vus._
8. Avez-vous admiré les ailes noires de ces oiseaux? _Oui, je les ai admirées._

F. **Complete the dialogue about Marie's purchases by filling in each blank with the correct form of the *passé composé* of the verb indicated.**

Qu'est-ce que Marie a acheté?

—Tu as acheté la viande, Marie?

—Mais oui, je l'_ai achetée_ (acheter).

—Et les légumes?

—Je les _ai achetés_ (acheter) aussi.

—Et le journal?

—Non, pas le journal.

—Comment? Tu n'_as_ pas _acheté_ (acheter) le journal?

—Non, c'est Robert qui l'_a acheté_ (acheter).

—Où est-il alors?

—Il est sorti avec des amis.

—Pas Robert! Le journal?

—Je ne sais pas. Je ne l'_ai_ pas _vu_ (voir).

G. **Follow the model.**

La lettre de Marc

Marc écrit la lettre.
Marc a écrit la lettre. Marc l'a écrite.

1. Tu reçois la lettre. _Tu as reçu la lettre. Tu l'as reçue._
2. Tu lis la lettre. _Tu as lu la lettre. Tu l'as lue._

3. Tu montres la lettre à Jeanne. *Tu as montré la lettre à Jeanne. Tu l'as montrée à Jeanne.*

4. Jeanne achète les timbres. *Jeanne a acheté les timbres. Jeanne les a achetés.*

5. Jeanne envoie les cartes postales à Marc. *Jeanne a envoyé les cartes postales à Marc. Jeanne les a envoyées à Marc.*

6. Marc reçoit les cartes une semaine plus tard. *Marc a reçu les cartes une semaine plus tard. Marc les a reçues une semaine plus tard.*

H. Rewrite the sentences in Exercise G in the negative.

Marc n'a pas écrit la lettre.

1. *Tu n'as pas reçu la lettre. Tu ne l'as pas reçue.*
2. *Tu n'as pas lu la lettre. Tu ne l'as pas lue.*
3. *Tu n'as pas montré la lettre à Jeanne. Tu ne l'as pas montrée à Jeanne.*
4. *Jeanne n'a pas acheté les timbres. Jeanne ne les a pas achetés.*
5. *Jeanne n'a pas envoyé les cartes postales à Marc. Jeanne ne les a pas envoyées à Marc.*
6. *Marc n'a pas reçu les cartes une semaine plus tard. Marc ne les a pas reçues une semaine plus tard.*

Un peu plus: Vocabulaire et culture

I. Read the following passage about Picardy.

Des œufs importés

Michel Jeanson a hérité de son grand-pére 1 000 hectares de dunes en Picardie. Il a commencé par cultiver des tulipes et des jacinthes mais il n'a pas pu faire face à la concurrence• des bulbes hollandais.

Jeanson a alors eu l'idée de créer un parc pour observer les oiseaux en liberté et, en 1973, on lui a proposé d'établir une réserve sur ses polders•.

En 1974, après un voyage au Danemark, Michel Jeanson rapporte deux valises pleines de gros œufs. Les œufs ont éclos•. Aujourd'hui on peut voir en Picardie des oies cendrées•, qui habitent normalement des régions arctiques!

J. Answer the following questions about Michel Jeanson.

Une réserve en Picardie

1. Qu'est-ce que Michel Jeanson a hérité de son grand-pere? *Il a hérité 1 000 hectares de dunes en Picardie.*

2. Où se trouvent les polders de Michel Jeanson? *Ils se trouvent en Picardie.*

•**concurrence** *competition*   •**polders** *reclaimed marshlands*   •**éclos** *hatched*
•**oies cendrées** *gray geese*

3. Quand a-t-on proposé à Jeanson d'établir une réserve? *On lui a proposé d'établir une réserve en 1973.*

4. Où est-ce que Michel Jeanson a voyagé? *Il a voyagé au Danemark.*

5. Est-ce qu'il est rentré avec des oies cendrées? *Il est rentré avec des œufs d'oies cendrées.*

6. Les oies cendrées, où habitent-elles normalement? *Elles habitent normalement les régions arctiques.*

Pour s'amuser

K. Follow the trail through the letters to form a sentence giving information about the stork. Note: you will sometimes go through the same letter more than once.

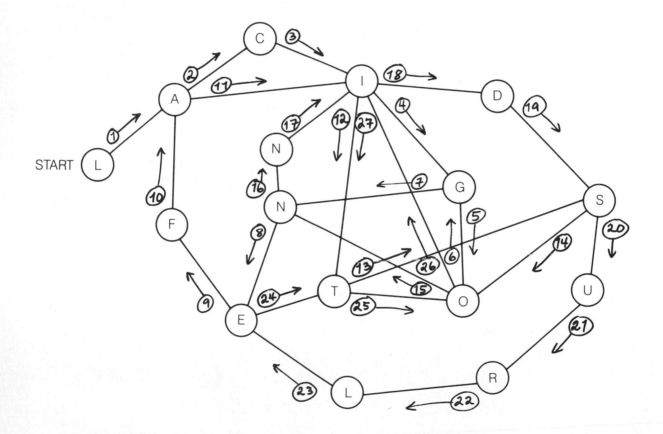

La cigogne fait son nid sur le toit.

4 LES MAGHRÉBINS
Leçon

Vocabulaire

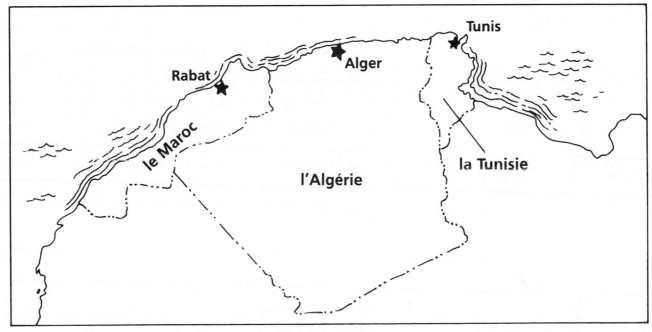

le Maghreb

A. Choose the best completion for each sentence. Then circle the corresponding letter.

L'Afrique du Nord

1. La capitale du Maroc s'appelle _____ .

   a. Tunis   (b.) Rabat   c. Alger

2. Les pays de l'Afrique du Nord sont le Maroc, la Tunisie et _____ .

   a. Tripoli   b. l'Espagne   (c.) l'Algérie

3. Ces pays sont _____ .

   a. européens   b. anglais   (c.) arabes

4. Une femme qui vient de Tunisie est une _____ .

   a. Marocaine   (b.) Tunisienne   c. mosquée

5. Les pays _____ sont le Maroc, la Tunisie et l'Algérie.

   a. marocains   b. algériens   (c.) maghrébins

B. Read the paragraph about the Haddad family and then answer the questions that follow.

La famille Haddad

M. Haddad est né au Maroc. Il a travaillé dans un souk. En 1970 il a immigré en France avec sa famille. Aujourd'hui la famille Haddad habite la banlieue de Paris.

1. Qui est né au Maroc? _M. Haddad est né au Maroc._

2. Est-ce que M. Haddad est algérien? _Non, il est marocain._

3. Est-ce qu'il a travaillé dans un marché? _Oui, il a travaillé dans un souk._

4. Quand est-ce que M. Haddad est venu en France? _Il est venu en France en 1970._

5. Est-ce M. Haddad est arrivé en France tout seul? _Il est venu avec sa famille._

6. Où habite la famille Haddad aujourd'hui? _La famille habite la banlieue de Paris._

C. Choose the correct completion in column B for each phrase in column A. Then write the corresponding letter in the blank.

Un pays maghrébin

A	B
1. Les musulmans vont à _c_.	a. des minarets pittoresques
2. Les femmes arabes sont _e_.	b. au souk
3. Pour chercher un joli bracelet on va _b_.	c. une mosquée
4. Les mosquées sont construites avec _a_.	d. ont immigré en France
5. Beaucoup d'Algériens _d_.	e. voilées

Structure

D. Complete the conversations by filling in each blank with *Qui* or *Qu'est-ce qui.*

Qu'est-ce qui se passe?

1. —_Qui_ est allé au souk ce matin?

   —Hassan et Mohammed—ils sont déjà partis.

2. —_Qui_ sont les filles là-bas?

   —Ce sont les copines de Farida.

3. —_Qu'est-ce qui_ est tombé de la table?

   —C'est la lampe!

4. —_Qu'est-ce qui_____ se passe à Rabat aujourd'hui?

—On célèbre l'anniversaire du roi Hassan II.

5. —_Qui_____ est à la porte?

—C'est Rachid! Il a acheté des dattes.

E. Form questions, using *qui* or *qu'est-ce que*.

Une visite à la mosquée

1. J'ai attendu Rachid, le frère de Mohammed. _Qui as-tu attendu?_

2. Nous avons vu la grande mosquée avec Rachid. _Qu'est-ce que vous avez vu avec Rachid?_

3. J'ai regardé les fidèles en prière. _Qui as-tu regardé?_

4. Nous avons écouté leurs prières. _Qu'est-ce que vous avez écouté?_

5. Après la visite à la mosquée, j'ai remercié Rachid. _Après la visite à la mosquée, qui as-tu remercié?_

F. Form questions, using *qui* or *quoi*.

Le frère de Farida

1. Je téléphone à Farida. _À qui téléphones-tu?_

2. Je rends visite à son frère. _À qui rends-tu visite?_

3. Je parle avec sa famille. _Avec qui parles-tu?_

4. Je joue au football. _À quoi joues-tu?_

5. Je m'arrête devant la mosquée. _Devant quoi t'arrêtes-tu?_

6. Je pense à la religion des musulmans. _À quoi penses-tu?_

G. Form questions, substituting an interrogative pronoun for the underlined words.

À Rabat

1. Hier soir nous sommes arrivés à Rabat. _Qui est arrivé à Rabat hier soir?_

2. Nous avons vu des femmes voilées. _Qui avez-vous vu?_

3. Elles ont cherché <u>de jolis bracelets</u> au souk. *Qu'est-ce qu'elles ont cherché au souk?*

4. La mère de Farida a demandé <u>le prix d'un bracelet</u>. *Qu'est-ce que la mère de Farida a demandé?*

5. Nous avons rencontré <u>Hassan</u> devant la grande mosquée. *Qui avez-vous rencontré devant la grande mosquée?*

6. Hassan a parlé <u>à la mère de Farida</u>. *À qui est-ce que Hassan a parlé?*

7. Il a trouvé <u>des bracelets moins chers</u>. *Qu'est-ce qu'il a trouvé?*

8. Plus tard, nous sommes rentrés ensemble <u>chez Farida</u>. *Chez qui êtes-vous rentrés ensemble plus tard?*

9. Avant de nous coucher, nous avons bu <u>du thé à la menthe</u>. *Avant de vous coucher, qu'est-ce que vous avez bu?*

10. La mère de Farida a remercié <u>Hassan</u>. *Qui est-ce que la mère de Farida a remercié?*

H. Complete the passages by filling in each blank with the correct form of the past participle of the verb indicated.

En Algérie

a. Voici la lettre que Rachid m'a ___*écrite*___ (écrire). Son père et lui sont ___*partis*___ (partir) en Algérie pour rendre visite à leur famille. Regardez la photo que Rachid m'a ___*envoyée*___ (envoyer). Ces jeunes Arabes sont des copains qu'il a ___*rencontrés*___ (rencontrer) au souk.

b. —Est-ce que tu as déjà mangé les figues que j'ai ___*achetées*___ (acheter) au souk?

—Oui, maman, je les ai ___*mangées*___ (manger) pour le petit déjeuner.

—Mais où est le petit-lait que j'ai ___*mis*___ (mettre) sur la table?

—Tu cherches le petit-lait, maman?

—Bien sûr, Fatima! Où est-il?

—Je l'ai ___*bu*___ (boire), maman!

—Je suppose que tu as aussi mangé le couscous que Rachid m'a ___*donné*___ (donner)!

—Non, maman—le voilà!

Un peu plus: Vocabulaire et culture _____

I. Read the following story about the Maghreb.

الجمهورية الجزائرية الديمقراطية الشعبية
وزارة الثقافة

متحف و أثار تيمقاد
M U S E E E T R U I N E S D E T I M G A D

№ 083855

رسم الدخول 1 دينار **Droit d'entrée 1 D.A.**

ان هذه التذكرة ليست لها اية قيمة مالم يوضع عليها ختم الخزينة
Ce ticket est dépourvu de valeur sans le cachet de la Trésorerie.

Le passé vivant au Maghreb

Les pays maghrébins ont acquis leur indépendance assez récemment, entre 1956 et 1962. Le Maroc, l'Algérie et la Tunisie sont des pays francophones* conséquence d'une longue occupation française. Aujourd'hui, beaucoup de Français visitent la région.

Pourquoi les touristes vont-ils au Maghreb? D'abord parce qu'on peut faire un voyage dans le passé. Partout on peut admirer l'héritage de l'Islam, particulièrement dans les merveilles de l'architecture. Il y a, par exemple, la mosquée al-Zaytūna à Tunis et Bab al-Mansūr à Meknès, au Maroc. (*Bab* en arabe veut dire *porte*.) Ces monuments splendides ne sont pas loin des quartiers modernes.

Au Maroc, en Tunisie et en Algérie, il y a des traces nombreuses de la civilisation romaine qui a fleuri au Maghreb avant l'époque musulmane.

_____

* **francophones** *French-speaking*

Aujourd'hui on peut visiter les ruines romaines de Dougga en Tunisie, de Volubilis (près de Meknès) au Maroc et de Timgad en Algérie. Ces ruines sont bien préservées grâce à la sécheresse• du climat.

Au musée du Bardo, dans la banlieue de Tunis, on peut admirer des mosaïques romaines. Ces mosaïques sont souvent considérées comme les plus belles du monde.

C'est aussi dans la vie quotidienne• du peuple qu'on retrouve le passé. À la campagne la vie des bergers, des chevriers• et des fermiers n'a pas varié depuis des siècles. Des femmes voilées portent encore d'énormes pots d'eau sur la tête.

Si vous visitez Fez au Maroc, vous pouvez perdre votre chemin dans les rues étroites. Les souks de Fez sont très anciens; ils datent du neuvième siècle. Si vous êtes conduit par un guide bien informé, vous pouvez négocier avec les marchands. Les tapis•, les poteries et les objets de cuivre• sont de très beaux produits de l'artisanat local. Les bonnes occasions• ne sont pas rares.

J. Answer the following questions about the passage in Exercise I.

Un voyage dans le passé

1. Est-ce que les pays du Maghreb sont francophones? _Oui, ils sont francophones._

2. Pourquoi les pays de cette région attirent-ils beaucoup de touristes? _Les touristes vont au Maghreb pour admirer l'héritage de l'Islam et pour voir les ruines romaines._

3. Quand est-ce que la civilisation romaine a fleuri en Afrique du Nord? _Elle a fleuri en Afrique du Nord avant l'époque musulmane._

4. Pourquoi les ruines romaines de l'Afrique du Nord sont-elles bien préservées? _Elles sont bien préservées grâce à la sécheresse du climat._

5. Est-ce que la vie à la campagne a changé pendant les siècles? _Non, elle n'a pas changé depuis des siècles._

6. De qui a-t-on besoin pour visiter les souks? _On a besoin d'un guide._

7. Quels produits de l'artisanat marocain peut-on acheter à Fez? _On peut acheter des tapis, des poteries et des objets de cuivre._

•**grâce à la sécheresse** *thanks to the dryness*   •**quotidienne** *daily*
•**chevriers** *goatherds*   •**tapis** *rugs*   •**cuivre** *copper*
•**bonnes occasions** *bargains*

Pour s'amuser

K. Each of the 25 blank squares in this puzzle is to be filled in with a
different letter of the alphabet in order to complete a French word. You
will find it helpful to write out the alphabet and cross off each letter as
you use it. Only the letter w is omitted.

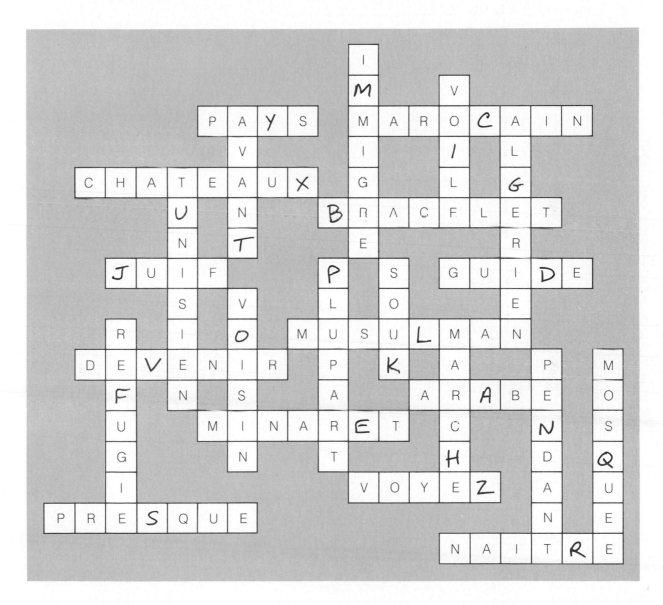

Nom _____

SELF-TEST AFTER LESSON 4

Part 1 Complete the following sentences by filling in each blank with an appropriate word.

1. C'est le jour de Pâques; on mange de l'_____.

2. Il y a un manège à la fête _____.

3. Beaucoup de gens assistent à la _____ de minuit la nuit de Noël.

4. Le dessert traditionnel du réveillon s'appelle la _____ de Noël.

5. La _____ est une fête importante au mois de novembre.

6. À Noël on offre et on reçoit des _____.

Part 2 Identify the people or objects in each illustration.

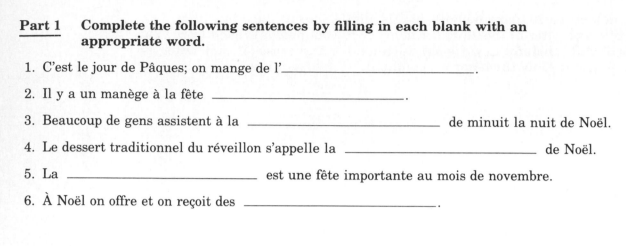

1. _____

2. _____

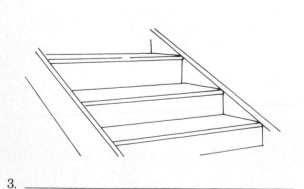

3. _____

4. _____

5. _____

52

Part 3 **Answer the following questions.**

1. Quel est l'oiseau qui a un long bec, un dos et des ailes noirs? _____

   _____

2. Où trouve-t-on les nids de ces oiseaux? _____

   _____

3. Qui va cataloguer les espèces d'oiseaux? _____

   _____

4. Qui lutte contre l'extinction des espèces animales? _____

   _____

5. Les problèmes écologiques sont-ils universels? _____

   _____

Part 4 **Complete the following sentences by filling in each blank with an appropriate word.**

1. Les musulmans pratiquent leur religion à la _____ _____.

2. Les pays maghrébins sont l'Algérie, la Tunisie et le _____.

3. On fait les courses au _____ dans un pays maghrébin.

4. Une femme qui est de Tunisie est une _____.

5. Un homme qui habite l'Algérie est un _____.

Part 5 **Complete the following questions by filling in each blank with the past participle of the verb indicated.**

1. Avez-vous _____ de décorer l'arbre de Noël? **promettre**

2. Avez-vous _____ faire les courses? **pouvoir**

3. Avez-vous _____ les décorations? **voir**

4. Avez-vous _____ l'importance de cette fête? **comprendre**

5. Avez-vous _____ les assiettes sur la table? **mettre**

6. Avez-vous _____ à votre grand-père? **écrire**

7. Avez-vous _____ Joyeux Noël à vos copains? **dire**

8. Avez-vous _____ des cadeaux? **recevoir**

Part 6 **Answer these questions about yourself in the affirmative.**

1. Vous levez-vous à l'heure lundi matin? _____

   _____

2. Vous lavez-vous dans la salle de bains? _____

   _____

3. Vous habillez-vous dans votre chambre? _____

_____

4. Vous dépêchez-vous pour aller à l'école? _____

_____

5. Vous amusez-vous avec vos amis? _____

_____

Part 7 **Complete the following sentences by filling in each blank with**
***parce que* or *à cause de*.**

1. On ne va pas à la fête foraine _____ il pleut.

2. On n'a pas le moral _____ la pluie.

3. Nous regardons la télé _____ nous voulons nous amuser.

Part 8 **Complete the following sentences by filling in each blank with the**
correct form of the past participle of the verb indicated.

1. Marie est _____ en taxi. **arriver**

2. Elle est _____ dans la maison à six heures. **entrer**

3. Elle est _____ dans la chambre de ma mère. **monter**

4. Elle est _____ une heure après. **descendre**

5. Elle est _____ à sept heures. **sortir**

Part 9 **Complete the following sentences by filling in each blank with the**
correct form of the past participle of the verb indicated.

Mardi matin...

1. Michel est _____ à l'hôtel. **rester**

2. Marie et Jeanne sont _____ dans la rue. **tomber**

3. Jean est _____ du Mont à onze heures. **revenir**

4. Gustave et Paul sont _____ à midi. **rentrer**

5. Mon petit cousin est _____ à Paris. **naître**

Part 10 **Complete the following questions by filling in each blank with the**
correct form of the *passé composé* of the verb indicated.

À la frontière...

1. est-ce que tu _____ de la voiture? **descendre**

2. est-ce que Michel _____ les passeports? **sortir**

3. est-ce que vous _____ l'escalier de la gare? **monter**

4. est-ce que Paul et Robert _____ les bagages? **descendre**

54

Part 11   Answer each question in the negative, substituting a pronoun for the underlined direct object.

1. As-tu trouvé les nids? _____

2. As-tu vu les œufs? _____

3. As-tu remarqué la cigogne? _____

4. As-tu regardé cet ornithologue? _____

5. As-tu catalogué les espèces? _____

6. As-tu regardé les oiseaux? _____

Part 12   Complete the following sentences by filling in each blank with the correct form of the past participle of the verb indicated.

1. Je n'ai pas vu les filles, mais je leur ai _____.   **téléphoner**

2. Je n'ai pas téléphoné à ma mère, mais je lui ai _____.   **écrire**

3. J'ai reçu ces livres et je les ai _____ à Paul.   **donner**

4. Nous avons admiré cette guitare et nous l'avons _____.   **acheter**

5. Nous avons appris les chansons et nous les avons _____.   **chanter**

Part 13   Complete the following questions by filling in each blank with *Qui* or *Qu'est-ce qui.*

1. _____ se passe dans le souk?

2. _____ vient du souk?

3. _____ entre dans la mosquée?

4. _____ nous rend visite ce soir?

5. _____ est tombé de la table?

Part 14   Choose the best completion for each question. Then circle the corresponding letter.

1. _____ a-t-elle vu dans la rue?

   a. Qui   b. Qu'est-ce qui

2. _____ est-ce qu'elle a rencontré?

   a. Qu'   b. Qui

3. _____ est-ce qu'elle a dit?

   a. Qui   b. Qu'

4. _____ a-t-elle trouvé dans la rue?

   a. Que   b. Qu'

5. _____ a-t-elle acheté?

   a. Qui   b. Qu'

Part 15   Complete the following questions by filling in each blank with *qui* or *quoi*.

1. À _____ posez-vous des questions?

2. À _____ téléphonez-vous?

3. Sur _____ mettez-vous les livres?

4. Devant _____ se trouve la mosquée?

5. Avec _____ est-ce que vous vous lavez les mains?

Part 16   Complete the following sentences by filling in each blank with the correct form of the past participle of the verb indicated.

1. Est-ce que tu as vu la lettre que j'ai _____? **écrire**

2. Mais non, je ne l'ai pas _____. **voir**

3. Où est-ce que je l'ai _____? **mettre**

4. Ah, la voilà. Je l'ai _____. **trouver**

5. Ah oui, c'est vrai. Je l'ai _____ sous ce livre. **cacher**

THE ANSWERS TO THIS SELF-TEST APPEAR ON PAGES 181–182.

Nom _____

5 La journée d'un lycéen

Leçon

Vocabulaire

A. Complete the following sentences about school life by filling in each blank with an appropriate word.

La vie des lycéens

1. Chaque lycéen travaille pendant la semaine. Le programme _quotidien_ du lycée est difficile.

2. À huit heures précises, les lycéens se rencontrent à l'_arrêt_ d'autobus.

3. Si vous travaillez toujours en semaine, vous n'avez pas de _temps libre_.

4. Avez-vous des _loisirs_ pendant le week-end?

5. Tous les samedis, _comme d'habitude_, je regarde une émission de télévision à onzc heures.

B. Answer these questions about yourself.

Le programme de mes parents

1. Est-ce que vos parents ont un programme rigide en semaine? _Oui, ils ont un programme rigide en semaine._

2. Qu'est-ce que votre mère fait quand elle a du temps libre? _(Answers will vary.)_

3. Que fait votre père pendant ses loisirs? Et votre frère? Et votre sœur? _(Answers will vary.)_

C. Describe what you see in each illustration.

1. _Les lycéens se rencontrent à l'arrêt d'autobus._

2. <u>Les lycéennes travaillent beaucoup en semaine.</u>

3. <u>Le week-end, les lycéens ont des loisirs.</u>

	Lundi	Mardi	Mercredi	Jeudi	Vendredi	Samedi
8½ h	Maths		Maths		Histoire	Anglais
9½ h		Français			Géographie	Français
10½ h	Chimie	Chimie	Education physique	Chimie	Espagnol	Latin
11½ h	Anglais		Géographie	Anglais	Chimie	Maths
13½ h		Histoire				
14½ h	Education physique	Géographie		Maths	Français	
15½ h	Espagnol	Latin			Latin	

Lycée Henri IV — EMPLOI DU TEMPS — Anne Thévenet

4. <u>Le programme quotidien d'un lycéen est difficile.</u>

Structure

D. Complete the following sentences by filling in each blank with the correct form of the *passé composé* of the verb indicated.

Dépêchez-vous!

1. Tu <u>t'es réveillé</u> à sept heures.

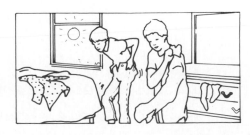

2. Ton frère <u>s'est levé</u> à sept heures et quart.

3. Vous <u>vous êtes habillés</u>.

58

4. Maman *s'est lavée* dans la salle de bains.

5. Philippe et Paul *se sont dépêchés* pour aller à l'école.

6. Maman et Ginette *se sont peignées*.

7. Ton père *s'est rasé*.

E. Answer these questions about yourself and your family.

Le matin chez moi

1. Est-ce que vos frères se sont rasés ce matin? *Oui, ils se sont rasés. (Non, ils ne se sont pas rasés.)*

2. Est-ce que votre sœur s'est habillée avec soin? *Oui, elle s'est habillée avec soin. (Non, elle ne s'est pas habillée avec soin.)*

3. Est-ce que votre père s'est dépêché pour se mettre au travail? *Oui, il s'est dépêché pour se mettre au travail. (Non, il ne s'est pas dépêché...)*

4. Vous êtes-vous peigné(e) dans la salle de bains? *Oui, je me suis peigné(e) dans la salle de bains. (Non, je ne me suis pas peigné(e)...)*

5. Vous êtes-vous maquillée ce matin? *Oui, je me suis maquillée ce matin. (Non, je ne me suis pas maquillée...)*

F. Complete the paragraph about Sylvie and Monique by filling in each blank with the correct form of the past participle of the verb indicated.

Sylvie et Monique

Sylvie et Monique se sont _préparées_ (préparer) toute la journée pour la fête. Sylvie s'est _acheté_ (acheter) une jolie robe. Monique s'est _fait_ (faire) les ongles soigneusement. Elles se sont _téléphoné_ (téléphoner) six ou sept fois! Enfin, à huit heures et demie du soir, elles se sont _rencontrées_ (rencontrer). Elles se sont _parlé_ (parler) encore pendant la soirée. À une heure du matin, elles se sont _dit_ (dire) au revoir.

G. Rewrite the following sentences about Richard, using a negative expression in each.

Richard n'a rien fait.

1. Richard est arrivé de bonne heure. _Richard n'est pas arrivé de bonne heure._

2. Il a salué tous ses amis à l'arrêt d'autobus. _Il n'a salué personne à l'arrêt d'autobus._

3. Il a parlé avec tout le monde. _Il n'a parlé avec personne._

4. Il a fait tous ses devoirs. _Il n'a rien fait._

5. Quand il est arrivé à l'école, il a continué à s'amuser. _Quand il est arrivé à l'école, il ne s'est plus amusé._

6. Il a toujours répondu aux questions difficiles. _Il n'a jamais répondu aux questions difficiles._

H. Complete the following sentences by filling in each blank with the appropriate negative expression.

On n'a pas le moral.

1. La télé ne marche _pas (plus, jamais)_

2. Anne est triste; elle ne veut parler avec _personne_.

3. Jean ne va _plus_ au lycée. Il cherche un emploi.

4. Simone n'a _pas (plus, jamais)_ applaudi les chanteurs.

5. Marie n'a vu _personne_ sur la place.

6. Michel est paresseux—il n'a _rien_ fait.

Un peu plus: Vocabulaire et culture _____

I. Read the following selection about *lycées*.

Les noms de lycées

Tous les lycées français portent des noms de personnages illustres. Ce sont les noms d'hommes et de femmes qui se sont distingués dans les domaines des sciences, de la politique, des arts, des lettres, de l'aviation, etc.

Par exemple, un lycée à Paris porte le nom de Victor Hugo, un grand écrivain du dix-neuvième siècle. Voici d'autres lycées:

- Le lycée Carnot (Lyon)
  Ce lycée porte le nom de Lazare Carnot, homme politique et mathématicien des dix-huitième et dix-neuvième siècles.

- Le lycée Henri IV (Paris)
  Henri IV était* roi de France au seizième et au dix-septième siècles.

- Le lycée Jeanne d'Arc (Rouen)
  Jeanne d'Arc, une héroïne célèbre du quinzième siècle, a commandé l'armée française contre les Anglais.

- Le lycée Claude Bernard (Paris)
  Claude Bernard était un physiologiste du dix-neuvième siècle.

- Le lycée Arago (Perpignan)
  Ce lycée porte le nom de François Arago, astronome, physicien et homme politique.

Est-ce que votre lycée porte le nom d'un personnage célèbre? *(answers will vary.)*

Pour s'amuser

J. Fill in the blanks. Then unscramble the circled letters in order to complete the sentence.

1. Henri attend son copain à l'arrêt d'_____. A U T O B U (S)

2. Le week-end, as-tu du temps libre pour les

   _____? L O I S I (R) S

3. Un lycéen est un _____ d'un lycée. E L E (V) E

4. Comme d'_____, elle dîne à sept heures. H A B I T U (D) E

5. Il a très peu de _____ _____ parce (T) E M P S L (I) B R E

   qu'il travaille beaucoup.

6. Le programme _____ d'une lycéenne Q U (O) T I D I E N

   française est très difficile.

En semaine, on fait ses _____. D E V O I R S

_____
été *was*

6 CHANTEURS d'hier et d'aujourd'hui

Leçon

Vocabulaire

A. Look at the illustrations and then answer the questions.

Au Moyen Âge

1. Qui chantait au Moyen Âge? _Le troubadour chantait au Moyen Âge._

2. À quoi s'accompagnait-il? _Il s'accompagnait au luth._

3. Où allait-il? _Il allait de château en château._

4. Où est-ce qu'il récitait des poèmes? _Il récitait des poèmes sur les champs de foire._

B. Complete the sentences about a young musician by filling in each blank with an appropriate word.

Un chanteur célèbre!

1. Paul chante _____*dans*_____ la rue.
2. Il s'_____*accompagne*_____ à la guitare.
3. Quelquefois il chante sur la _____*place*_____, près du café.
4. Il n'a jamais chanté dans une _____*boîte*_____ à chansons.
5. Il voudrait devenir un _____*chanteur*_____ célèbre.

C. Answer these questions about yourself.

De temps en temps

1. Tu chantes sur la place tous les samedis? *Oui, je chante sur la place tous les samedis. (Non, je ne chante pas...)*
2. Tu joues au football de temps en temps? *Oui, de temps en temps je joue au football. (Non, je ne joue jamais au football.)*
3. Tu as des classes le dimanche? *Non, je n'ai pas de classes le dimanche. (Oui, j'ai des classes le dimanche.)*
4. Tu joues fréquemment de la guitare? *Oui, je joue fréquemment de la guitare. (Non, je ne joue jamais de la guitare.)*
5. Tu te couches souvent dans la cuisine? *Non, je ne me couche jamais dans la cuisine.*
6. Tu regardes la télé chaque jour? *Oui, je regarde la télé chaque jour. (Non, je ne regarde pas la télé chaque jour.)*

Structure

D. Rewrite the following sentences in the imperfect tense.

Qu'est-ce qu'on faisait?

1. Vous écoutez la radio tous les soirs. *Vous écoutiez la radio tous les soirs.*
2. Mon ami Paul se promène à bicyclette. *Mon ami Paul se promenait à bicyclette.*

3. Elles mangent du couscous de temps en temps. _Elles mangeaient du couscous de temps en temps._

4. On finit le travail le vendredi soir. _On finissait le travail le vendredi soir._

5. Je bois du thé à la menthe avec mes amis arabes. _Je buvais du thé à la menthe avec mes amis arabes._

6. Il prend souvent un coca au café. _Il prenait souvent un coca au café._

7. Nous téléphonons à Marie-Claude tous les jours. _Nous téléphonions à Marie-Claude tous les jours._

8. Tu lis un roman par mois. _Tu lisais un roman par mois._

9. Ils font les courses tous les samedis. _Ils faisaient les courses tous les samedis._

10. Je commence à apprendre le français. _Je commençais à apprendre le français._

E. Complete the paragraph about summer vacations by filling in each blank with the imperfect tense of the verb indicated.

Les grandes vacances

Nous _passions_ (passer) les grandes vacances à Nice. Nous _allions_ (aller) à la plage quand il _faisait_ (faire) beau. Nous _faisions_ (faire) du ski nautique. Tous les samedis nous _jouions_ (jouer) au football et nos parents _faisaient_ (faire) du bateau. De temps en temps, nous _allions_ (aller) dans des boîtes où _chantaient_ (chanter) des chanteurs de talent. Nous _écoutions_ (écouter) leurs chansons et nous les _admirions_ (admirer).

F. Answer these questions about yourself.

L'année dernière

1. Quel âge avais-tu l'année dernière? _L'année dernière j'avais ___ ans._

2. Que faisais-tu pendant tes loisirs? _(Answers will vary.)_

3. Tu allais à quelle école? _J'allais à ___._

1. Richard et toi, vous commenciez à apprendre le français? *Oui, nous commencions à apprendre le français.*

5. Est-ce que le prof parlait lentement dans la classe de français? *Oui, il parlait lentement. (Non, il ne parlait pas lentement.)*

6. Est-ce que les élèves comprenaient le prof? *Oui, ils le comprenaient. (Non, ils ne le comprenaient pas.)*

7. Prononciez-vous bien le français? *Oui, je prononçais bien le français...*

8. Écriviez-vous à vos amis en français? *Oui, j'écrivais à mes amis en français.*

9. Est-ce que vous corrigiez vos fautes? *Oui, je corrigeais mes fautes.*

G. Complete the sentences by filling in each blank with the imperfect tense of the verb *être*.

À la plage

1. Comme il faisait beau dimanche, Paul *était* content.

2. Marie et Ginette *étaient* très occupées à préparer une surprise-partie.

3. Comme j'adore la plage, j' *étais* très heureux.

4. Nous *étions* à la plage quand Robert est arrivé.

5. «Eh, André, tu n' *étais* pas chez toi quand j'ai téléphoné hier soir!»

6. «Nous *étions* au restaurant.»

7. «Tes parents y *étaient* aussi?»

8. «Bien sûr—nous *étions* en famille.»

9. «Comment c' *était* ?»

10. «C' *était* formidable.»

H. Answer these questions about yourself.

Je passais de bonnes vacances.

1. Est-ce que tu passais toujours de bonnes vacances? *Oui, je passais toujours de bonnes vacances. (Non, je ne passais jamais...)*

2. Est-ce que tu allais souvent dans une station balnéaire? *Oui, j'allais souvent (non, je n'allais jamais) dans une station balnéaire.*

3. Est-ce qu'il y avait beaucoup de monde sur la plage? *Oui, il y avait beaucoup de monde sur la plage.*

4. Est-ce que tu nageais souvent? *Oui, je nageais souvent.*

5. Est-ce que tu assistais à des matchs de football? _Oui, j'assistais (non,_
je n'assistais pas) à des matchs de football.

6. Quel temps faisait-il quand les classes ont commencé en septembre? _Il faisait —_
quand les classes ont commencé en septembre.

7. Étais-tu content ou triste à la rentrée de septembre? _J'étais — à la_
rentrée de septembre.

8. Et ton frère et ta sœur, comment étaient-ils? _Ils étaient —._

I. **Answer the following questions, using *ne... ni... ni* or *ne... que*.**

Il faut choisir.

1. Avez-vous des frères ou des sœurs? _Je n'ai ni frères ni sœurs._

2. Est-ce que votre sœur est petite ou grande? _Elle n'est ni petite ni_
grande.

3. Est-ce qu'elle prend du café ou du lait pour le petit déjeuner? _Elle ne prend_
ni café ni lait pour le petit déjeuner.

4. Le soir en semaine, est-ce qu'elle va au cinéma ou au supermarché? _Elle ne va_
ni au cinéma ni au supermarché.

5. Est-ce que votre frère joue au football ou au base-ball? _Il ne joue ni au_
football ni au base-ball.

6. Après les matchs, prend-il de l'eau ou du lait? _Il ne prend ni eau_
ni lait.

7. Aime-t-il chanter ou danser? _Il n'aime ni chanter ni danser._

8. Mange-t-il des glaces et des frites? _Il ne mange ni glaces ni_
frites. (Il ne mange que des glaces et des frites.)

J. **Complete the paragraph by filling in each blank with an appropriate negative expression.**

Ce matin

Ce matin je n'ai fait _ni_ mes courses _ni_ ma gymnastique.
Je n'ai fait _que_ mes devoirs. J'étais tout seul chez moi. Je n'ai vu
personne. Je n'ai _rien_ mangé parce qu'il n'y avait _que_
du pain. À une heure je ne pouvais _plus_ étudier, parce que j'avais très faim. Le
travail ne finit _jamais_!

66

Un peu plus: Vocabulaire et culture _____

K. Look at each illustration and note the name of the musical instrument. Many of these vocabulary items are cognates.

Étude de mots

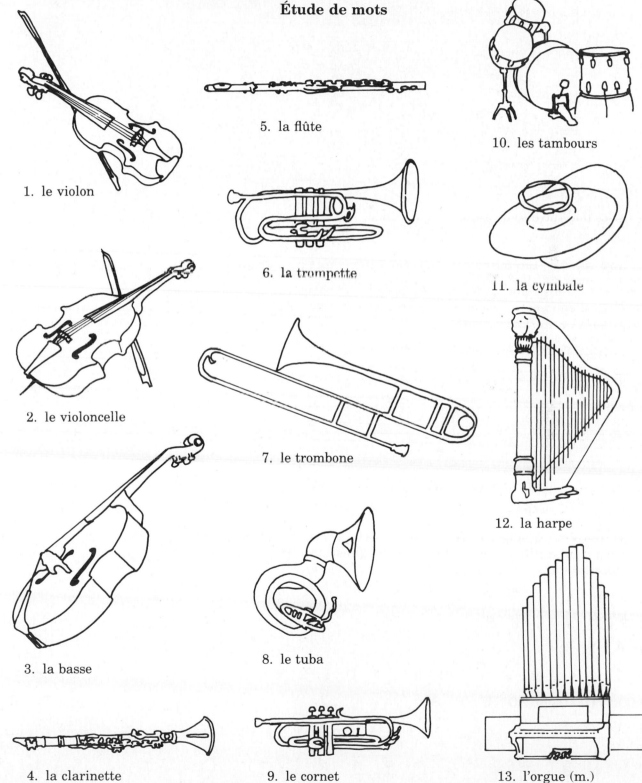

1. le violon

5. la flûte

10. les tambours

6. la trompette

11. la cymbale

2. le violoncelle

7. le trombone

12. la harpe

3. la basse

8. le tuba

4. la clarinette

9. le cornet

13. l'orgue (m.)

When we combine these instruments, we have:

le concert

la salle
de concert

le chef d'orchestre

l'orchestre (m.)

L. Now answer the following questions in a short paragraph.

Quels sont tes instruments favoris? Joues-tu d'un instrument musical? Duquel?
Aimerais-tu apprendre à jouer d'un instrument? Duquel? Aimes-tu les concerts?
Quelle sorte de musique préfères-tu?

(Answers will vary.)

Pour s'amuser

M. Fill in the missing letters of the following French words. Then unscramble the letters to answer the question «Où est-ce que les gens chantaient?»

1. C H Â T _E_ A U
2. P _A_ R L E R
3. _R_ U E
4. _C_ H A M P S   D E   F O I R E
5. _T_ O U J O U R S
6. _B_ O Î T E   À   C H _A_ N S O N S

D A N S   U N   _C A B A R E T_

Nom _____

7 ON MANGE bIEN EN FRANCE

Leçon **7**

Vocabulaire

A. Match the province in column B with a food in column A. Then write the corresponding letter in the blank.

Les spécialités

A		B
1. __b__ les fruits de mer		a. L'Alsace
2. __a__ la choucroute		b. La Bretagne
3. __d__ les raisins		c. La Provence
4. __c__ l'ail		d. La Bourgogne
5. __e__ le fromage		e. La Normandie

B. Complete the following sentences about regional cooking by filling in each blank with an appropriate word.

La cuisine française

1. En Bretagne on trouve les fruits de mer suivants:
   les __moules__, le __homard__, les __huîtres__ et les __coquilles Saint-Jacques__.

2. Les Normands préparent beaucoup de sauces avec de la __crème__ et du __beurre__.

3. La choucroute et les saucisses sont des spécialités de l'__Alsace__.

4. Dans la cuisine provençale, on utilise de l'__ail__ et de l'__huile d'olive__ pour préparer la sauce pour les pâtes.

5. Il y a beaucoup de __vignobles__ en Bourgogne.

6. Dans les pâturages normands on trouve beaucoup de __vaches__.

7. Si on dîne dans un restaurant alsacien, on peut commander une côtelette de __porc__.

**C. Match each term in column B with an appropriate term in column A.
Then write the corresponding letter in the blank.**

	A		B
1.	_e_ le lait	a.	les vignobles
2.	_c_ les huîtres	b.	les oliviers
3.	_b_ l'huile d'olive	c.	la mer
4.	_a_ le vin	d.	les pêcheurs
5.	_d_ les poissons	e.	les vaches
6.	_f_ le jambon	f.	l'Alsace

D. Look at each illustration and then name the item.

1. _le beurre_

4. _les raisins_

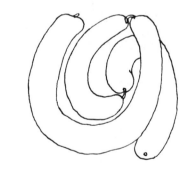

2. _les saucisses_

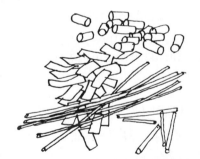

5. _les pâtes_

3. _le homard_

6. _l'olivier_

70

E. Answer the following questions.

Qui vend du beurre?

1. Est-ce qu'on peut acheter des saucisses à la crémerie? *Non, on peut acheter des saucisses à la charcuterie.*

2. Est-ce que le boucher vend du lait? *Non, le crémier vend du lait.*

3. Où est-ce qu'on vend du beurre et du lait? *On vend du beurre et du lait à la crémerie.*

4. Est-ce que les clients du boulanger achètent des coquilles Saint-Jacques? *Non, ils achètent de la viande.*

5. Est-ce qu'on boit de l'huile d'olive au dîner? *Non, on ne boit jamais de l'huile d'olive.*

Structure

F. Complete the discussion of summers in Brittany by filling in each blank with the correct form of the imperfect tense of the verb indicated.

Quand j'étais petit...

1. Quand tu _étais_ petit, _allais_ -tu souvent en Bretagne? **être, aller**

2. Oui, nous _passions_ tous les étés à Dinard. **passer**

3. Est-ce que tes parents _connaissaient_ de bons restaurants à Dinard? **connaître**

4. Bien sûr! Nous _dînions_ tous les vendredis dans un très bon restaurant. **dîner**

5. Et comment _trouvais_ -tu les fruits de mer? **trouver**

6. Oh là là, ils _étaient_ tous exceptionnels! **être**

7. Tu _mangeais_ des huîtres? **manger**

8. Mon père surtout _mangeait_ des huîtres, mais moi, je _préférais_ la langouste. **manger, préférer**

9. Vous _mangiez_ bien, alors! **manger**

G. Complete the description of a seafood dinner by filling in each blank with the correct form of the *passé composé* of the verb indicated.

Un restaurant en Bretagne

1. L'été dernier, je _suis allé(e)_ en Bretagne pour la première fois. **aller**
2. Un soir, mes parents _ont trouvé_ un excellent restaurant et nous _avons dîné_ tous ensemble. **trouver, dîner**
3. Mon père _a commandé_ un grand plat de fruits de mer. **commander**
4. Maman et lui _ont choisi_ des langoustes et moi, j'_ai pris_ du poisson. **choisir, prendre**
5. Ce soir-là, nous _avons_ bien _mangé_! **manger**

H. Complete the sentences by filling in each blank with the correct form of the *passé composé* or the imperfect of the verb indicated.

Un dîner formidable!

1. Hier soir, nous _regardions_ la télé quand mon père _est rentré_. **regarder, rentrer**
2. Mon père _a dit_ qu'il _avait_ envie de moules pour le dîner. **dire, avoir**
3. Maman _a dit_ qu'il _était_ trop tard pour aller acheter des fruits de mer. **dire, être**
4. Maman nous _préparait_ un bœuf bourguignon quand notre voisine _a sonné_ à la porte. **préparer, sonner**
5. Sais-tu ce qu'elle _avait_ dans son panier? Des moules! **avoir**
6. Elle _voulait_ nous les offrir parce qu'elle en _avait_ trop. **vouloir, avoir**
7. Mon père l'_a remercié_ et l'_a invité_ à entrer. **remercier, inviter**
8. Les moules et le bœuf bourguignon _étaient_ formidables! **être**

I. Complete the sentences by filling in each blank with the correct form of the imperfect tense of the verb indicated.

Quand j'étais lycéen...

1. Quand j'_étais_ au lycée Charles de Gaulle, j'_espérais_ avoir de bonnes notes. **être, espérer**

72

2. Je _croyais_ que je _pouvais_ répondre à toutes les questions du prof. **croire, pouvoir**

3. André et moi, nous _voulions_ être professeurs. **vouloir**

4. Nous ne _savions_ pas beaucoup de choses mais nous _avions_ envie d'apprendre. **savoir, avoir**

5. J' _aimais_ surtout la littérature et la culture françaises. **aimer**

J. Write the correct form of the adverb.

Absolument!

1. complet _complètement_   8. exact _exactement_
2. sérieux _sérieusement_   9. vrai _vraiment_
3. certain _certainement_   10. absolu _absolument_
4. premier _premièrement_   11. poli _poliment_
5. facile _facilement_   12. évident _évidemment_
6. lent _lentement_   13. récent _récemment_
7. rapide _rapidement_   14. heureux _heureusement_

K. Complete the story about Paul by filling in each blank with the correct adverb.

Paul répond exactement.

1. Paul pense que la classe de français est facile.

   Il apprend le français _facilement_.

2. Paul fait de fréquents devoirs.

   Il étudie _fréquemment_.

3. En général, il ne regarde pas la télé en semaine.

   Généralement, il ne regarde pas la télé en semaine.

4. Quand le prof lui pose une question, sa réponse est correcte.

   Il répond _correctement_ aux questions du prof.

5. Il a réussi à un examen récent.

   Il a réussi _récemment_ à un examen.

Un peu plus: Vocabulaire et culture

L. **Let's look at how a menu is set up in a French restaurant.**

Les menus de restaurant

Very often just knowing the words **poisson, viande,** and **poulet** is not enough when one is faced with a menu that is entirely in French. Let's look at an actual menu from a French restaurant.

The appetizers are, of course, listed first. Some menus have a heading for the appetizers: **Les entrées.** (What is an *entrée* in English?)

Dishes are often described by the sauce that they contain. **Oeuf dur rémoulade** is hard-boiled egg in a mustard sauce. **Filet de poisson tartare** is fish filet with tartar sauce. What would the following be: **asperges hollandaise, artichauts vinaigrette, œuf dur mayonnaise?**

Jardinier means gardener. Anything labeled **jardinier** or **jardinière** means that it is served with mixed vegetables.

Rillette is potted meat (finely chopped meat that is cooked and packed in a container). **Oie** is goose.

Oeufs au plat means fried eggs.

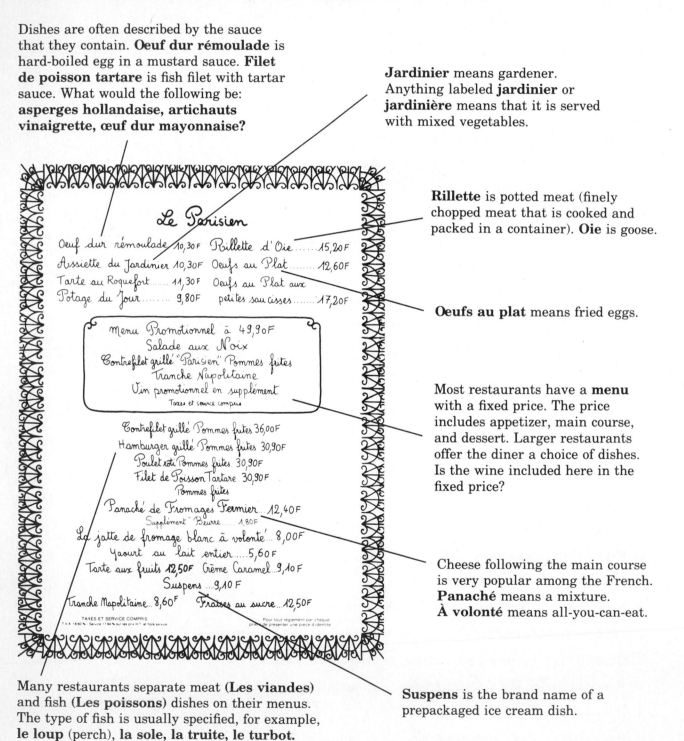

Le Parisien

Oeuf dur rémoulade 10,30 F	Rillette d'Oie .... 15,20 F
Assiette du Jardinier 10,30 F	Oeufs au Plat .... 12,60 F
Tarte au Roquefort ...... 11,30 F	Oeufs au Plat aux
Potage du Jour .... 9,80 F	petites saucisses .... 17,20 F

Menu Promotionnel à 49,90 F
Salade aux Noix
Contrefilet grillé "Parisien" Pommes frites
Tranche Napolitaine
Vin promotionnel en supplément
Taxes et service compris

Contrefilet grillé Pommes frites 36,00 F
Hamburger grillé Pommes frites 30,90 F
Poulet rôti Pommes frites 30,90 F
Filet de Poisson Tartare 30,90 F
Pommes frites
Panaché de Fromages Fermier 12,40 F
Supplément Beurre 1,80 F
La jatte de fromage blanc à volonté 8,00 F
Yaourt au lait entier .... 5,60 F
Tarte aux fruits 12,50 F Crème Caramel 9,10 F
Suspens ... 9,10 F
Tranche Napolitaine .. 8,60 F Fraises au sucre .. 12,50 F

TAXES ET SERVICE COMPRIS
T.V.A 18.60 % · Service 17.64 % sur les prix H.T. et hors service
Pour tout règlement par chèque prière de présenter une pièce d'identité

Most restaurants have a **menu** with a fixed price. The price includes appetizer, main course, and dessert. Larger restaurants offer the diner a choice of dishes. Is the wine included here in the fixed price?

Cheese following the main course is very popular among the French. **Panaché** means a mixture. **À volonté** means all-you-can-eat.

Many restaurants separate meat (**Les viandes**) and fish (**Les poissons**) dishes on their menus. The type of fish is usually specified, for example, **le loup** (perch), **la sole, la truite, le turbot.**

Suspens is the brand name of a prepackaged ice cream dish.

M. French cuisine is famous for its sauces. How many of the following sauces can you identify?

Les sauces françaises

1. Mornay — *sauce made with cream and cheese*
2. béarnaise — *sauce made with an egg yolk and butter base*
3. béchamel — *white sauce*
4. rémoulade — *a mustard sauce*
5. hollandaise — *sauce made with butter and egg yolks*
6. madère — *sauce made with Madeira wine*

Pour s'amuser

N. In the following crucigram, there are 16 French words relating to food. Circle each word you can find. The words can go from the top down, across from left to right, or diagonally from left to right.

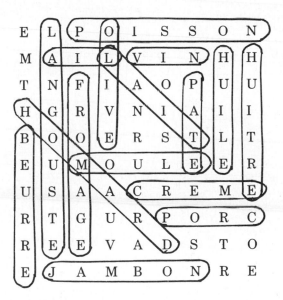

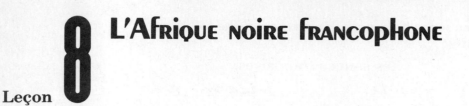

L'Afrique noire francophone

Leçon 8

Vocabulaire

A. Identify the people or the objects in each illustration.

Que voyez-vous?

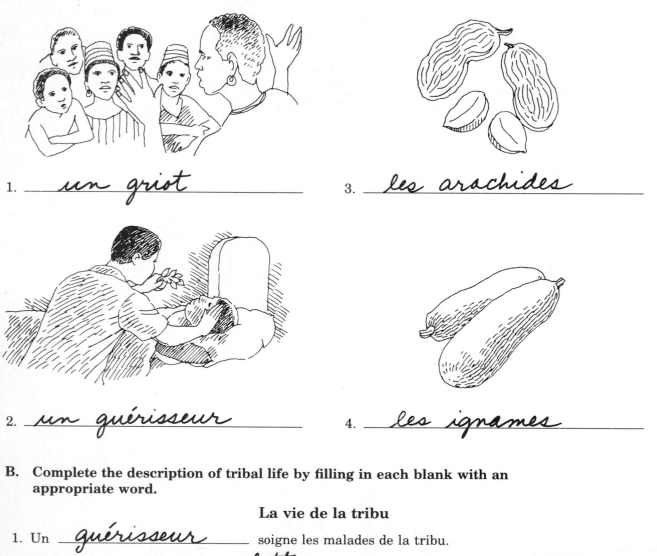

1. _____*un griot*_____

2. _____*un guérisseur*_____

3. _____*les arachides*_____

4. _____*les ignames*_____

B. Complete the description of tribal life by filling in each blank with an appropriate word.

La vie de la tribu

1. Un _____*guérisseur*_____ soigne les malades de la tribu.

2. Il se sert de plantes et d' _____*amulettes*_____ .

3. La tribu cultive des _____*arachides*_____ et des _____*ignames*_____ .

4. La tribu habite en _____*Afrique*_____ .

5. Le _____*griot*_____ de la tribu chante des chansons traditionnelles.

C. **Answer the following questions about the politics of the United States.**

Le gouvernement des États-Unis

1. Depuis quand est-ce que les États-Unis sont indépendants? *Les États-Unis sont indépendants depuis 1776.*

2. Qui est le président des États-Unis? *Le président des États-Unis est —.*

3. Est-ce qu'il y a un premier ministre aux États-Unis? *Non, il n'y a pas de premier ministre aux États Unis.*

4. Est-ce que les États-Unis faisaient partie de l'Empire britannique au dix-huitième siècle? *Oui, ils faisaient partie de l'Empire britannique au 18ᵉ siècle.*

5. Où se trouve la capitale des États-Unis? *La capitale se trouve à Washington.*

6. Les États-Unis sont une république ou une monarchie? *Les États-Unis sont une république.*

D. **Look at the map and identify as many French-speaking countries in Africa as you can.**

L'Afrique francophone

le Maroc, l'Algérie, la Tunisie, la Mauritanie, le Sénégal, le Mali, le Niger, le Tchad, la Guinée, la Côte-d'Ivoire, le Burkina Faso, le Togo, le Bénin, le Cameroun, la République Centrafricaine, le Gabon, le Congo, le Zaïre, le Ruanda, le Burundi, le Madagascar

Structure

E. Complete the sentences by filling in each blank with the correct form of the verb *suivre*.

Qui suit un cours de français?

1. Est-ce que tu ___*suis*___ un cours de français?
2. Est-ce que tes amis ___*suivent*___ un cours de biologie?
3. Est-ce que vous ___*suivez*___ le cours d'algèbre avec M. Dupont?
4. Moi, je ___*suis*___ le cours de français avec plaisir!
5. Marie-Louise ___*suit*___ un programme rigide au lycée.

F. Rewrite the sentences in Exercise E in the *passé composé*.

J'ai suivi un cours excellent!

1. *Est-ce que tu as suivi un cours de français?*
2. *Est-ce que tes amis ont suivi un cours de biologie?*
3. *Est-ce que vous avez suivi le cours d'algèbre avec M. Dupont?*
4. *Moi, j'ai suivi le cours de français avec plaisir!*
5. *Marie-Louise a suivi un programme rigide au lycée.*

G. Hamidou is talking with a new acquaintance. Complete the conversation by filling in each blank with the correct form of the verb *vivre*.

Le village au Séngal

1. «Je ___*vis*___ dans un petit village au Sénégal.»
2. «Et le griot de la tribu, où ___*vit*___-il?»
3. «Le griot et le guérisseur ___*vivent*___ près de chez moi.»
4. «Est-ce que vous ___*vivez*___ bien?»
5. «Nous ___*vivons*___ très bien de l'agriculture.»

H. Answer these questions about yourself.

Mes cours et ma famille

1. Quels cours suivez-vous cette année? *Je suis ___.*

2. Est-ce que votre mère suit toujours une recette quand elle fait la cuisine? *(Answers will vary.)*

3. Est-ce que vos grands-parents vivent encore? Vivent-ils bien? *(Answers will vary.)*

I. Ask questions, using *depuis quand* or *depuis combien de temps*.

La Côte-d'Ivoire

1. La Côte-d'Ivoire est une république indépendante depuis 1960. *Depuis quand est-ce que la Côte-d'Ivoire est une république indépendante?*

2. Félix Houphouët-Boigny est le président de cette république depuis longtemps. *Depuis combien de temps est-ce que Félix Houphouët-Boigny est le président?*

3. Abidjan est la capitale de la Côte-d'Ivoire depuis 1934. *Depuis quand est-ce qu'Abidjan est la capitale de la Côte-d'Ivoire?*

4. Cette nation africaine est francophone depuis le dix-neuvième siècle. *Depuis quand est-ce que cette nation africaine est francophone?*

5. Les habitants vivent de l'agriculture depuis des siècles. *Depuis combien de temps est-ce que les habitants vivent de l'agriculture?*

J. Use the following information to form questions, using *depuis quand* or *depuis combien de temps*.

Depuis quand parles-tu français?

1. Henri a commencé à apprendre l'anglais en 1983. *Depuis quand est-ce qu'Henri apprend l'anglais?*

2. Marie a commencé à faire du piano à dix heures; il est maintenant midi. *Depuis combien de temps est-ce que Marie fait du piano?*

3. Le Cameroun a reçu son indépendance en 1960. *Depuis quand est-ce que le Cameroun est indépendant?*

4. Je me suis mis au travail à huit heures. *Depuis quand travailles-tu?*

5. Nous avons commencé à suivre le cours d'algèbre en septembre. *Depuis quand suivez-vous le cours d'algèbre.*

6. Les agents de police poursuivent le voleur depuis onze heures et demie. *Depuis quand est-ce que les agents de police poursuivent le voleur?*

K. Answer the questions about some classmates' relatives.

Depuis combien de temps parle-t-il français?

1. Le grand-père de Marie vit depuis 95 ans. Quand est-il né? *Il est né en ___ (year)*

2. La mère de Jacques joue du piano depuis 1970. Depuis combien de temps joue-t-elle du piano? *Elle joue du piano depuis — ans.*

3. Le père d'André enseigne l'algèbre au lycée depuis treize ans. Depuis quand enseigne-t-il au lycée? *Il enseigne au lycée depuis (year) .*

4. La sœur de Brigitte a commencé à étudier la biologie l'année dernière. Depuis combien de temps fait-elle de la biologie? *Elle étudie la biologie depuis un an.*

Un peu plus: Vocabulaire et culture

L. Look at the map of Africa below and then answer the following questions.

Le continent d'Afrique

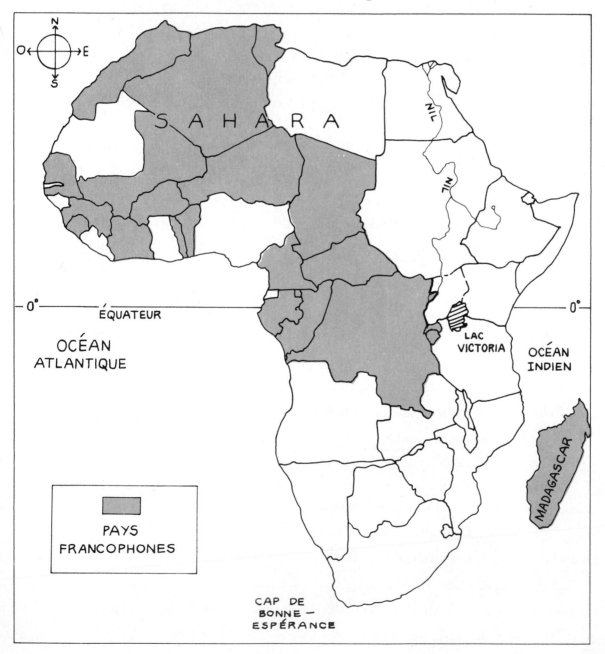

1. Est-ce que l'Afrique est un continent ou un îlot? *L'afrique est un continent.*

2. Est-ce que le Sahara est un vaste désert ou une montagne? *Le Sahara est un vaste désert.*

3. Où se trouve le Sahara? *Il se trouve dans le nord de l'afrique.*

4. Où se trouvent les pays francophones? Au sud-ouest? À l'est? Au nord? Au sud? À l'ouest? *Ils se trouvent à l'ouest.*

5. Quel est le nom du plus grand lac d'Afrique? *Le lac Victoria est le plus grand lac d'afrique.*

6. Est-ce que l'équateur traverse l'Afrique près du Cameroun? *Oui, il traverse l'afrique près du Cameroun.*

7. Est-ce que le cap de Bonne-Espérance est situé près ou loin de l'équateur? *Le cap de Bonne-Espérance est loin de l'équateur.*

8. Quel océan entoure l'île de Madagascar? *L'océan Indien entoure l'île de Madagascar.*

9. Est-ce que le Nil est un fleuve ou un océan? *Le Nil est un fleuve.*

Pour s'amuser

M. Unscramble the following groups of letters to form words. Hint: They are all cognates.

1. P E E M R I   E M P I R E
2. L E B O O G I I   B I O L O G I E
3. E T C L I P A A   C A P I T A L E
4. O N N T A I   N A T I O N
5. B E G R L A E   A L G E B R E
6. I C F L O I F E   O F F I C I E L

Nom _____

Self-Test After Lesson 8

Part 1 Complete the following sentences by filling in each blank with an appropriate term.

1. Les lycéens n'ont jamais de temps _____ en semaine.

2. Le matin, ils se rencontrent à _____ d'autobus.

3. Comme _____, ils font leurs devoirs tous les soirs en semaine.

4. Pendant le week-end, ils ont des _____.

5. Le programme _____ du lycée est difficile!

Part 2 Identify the people or objects in each illustration.

1. _____

2. _____

4. _____

3. _____

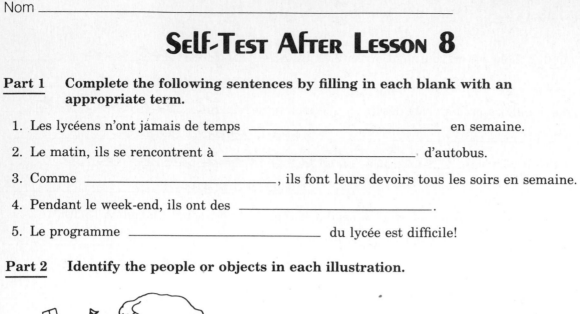

5. _____

82

Nom _____

Part 3   Match each item in column B with the appropriate province in column A. Then write the corresponding letter in the blank.

	A		B
1. _____	La Normandie	a.	le vin
2. _____	La Provence	b.	l'huile d'olive
3. _____	L'Alsace	c.	les homards
4. _____	La Bretagne	d.	la choucroute
5. _____	La Bourgogne	e.	le beurre

Part 4   Choose the more appropriate completion for each sentence. Then circle the corresponding letter.

1. La tribu habite _____.

   a. la ville   b. la brousse

2. Le guérisseur se sert d'_____.

   a. amulettes   b. arachides

3. Le griot _____.

   a. chante des poèmes   b. soigne les malades

4. Les tribus d'Afrique noire vivent _____.

   a. de l'agriculture   b. de l'industrie

Part 5   Answer the following questions in the negative.

1. Est-ce que ton père s'est levé à six heures ce matin? _____

_____

2. Est-ce que ta sœur s'est couchée à minuit hier soir? _____

_____

3. Est-ce que ton frère s'est rasé dans sa chambre? _____

_____

4. Est-ce que tes parents se sont dépêchés pour aller au lycée? _____

_____

5. Et toi, est-ce que tu t'es habillé(e) dans la cuisine? _____

_____

Part 6   Complete the following sentences by filling in each blank with the correct form of the past participle of the verb indicated.

1. Les filles se sont _____ à l'arrêt d'autobus.   **parler**

2. Les garçons se sont _____ une motocyclette.   **acheter**

3. Mes parents se sont _____ chaque jour.   **téléphoner**

4. Nous nous sommes _____ les mains dans la cuisine.   **laver**

5. Marc et Paul se sont beaucoup _____ à la fête.   **amuser**

Part 7 Complete the following sentences by filling in each blank with *rien, plus, jamais,* or *personne.*

1. Est-ce qu'elle a continué à chanter? Non, elle n'a _____ chanté.

2. Est-ce que tu as vu quelqu'un? Non, je n'ai vu _____ .

3. Est-ce qu'il a écrit quelque chose? Non, il n'a _____ écrit.

4. Est-ce qu'ils sont entrés dans cette maison? Non, ils ne sont _____ entrés dans cette maison.

Part 8 Complete the following sentences by filling in each blank with the correct form of the imperfect tense of the verb indicated.

Il _____ (faire) beau ce matin. J'_____ (aller) à l'école à pied parce que je n'_____ (avoir) pas l'argent pour l'autobus. Je _____ (marcher) lentement parce que, bien sûr, je ne _____ (vouloir) pas arriver à l'école trop tôt. Je _____ (regarder) les gens qui _____ (passer). Ils _____ (se dépêcher) pour aller à leur travail. À l'école les élèves _____ (se parler) dans la cour. Nous _____ (parler) du nouveau professeur d'histoire.

Part 9 Complete the following sentences by filling in each blank with the correct form of the imperfect tense of the verb *être.*

1. Hier soir nous _____ tous un peu fatigués.

2. Ma sœur _____ dans sa chambre.

3. Maman et papa _____ dans le séjour.

4. Moi, j'_____ le moins fatigué.

5. Il _____ neuf heures quand nous nous sommes couchés.

Part 10 Answer the following questions, using *ne... que* or *ne... ni... ni.*

1. Est-ce que ton père boit du café? _____

2. Est-ce que ta sœur aime chanter ou danser? _____
_____

3. Hier soir, est-ce que tu as mangé du fromage au restaurant? _____
_____

4. Est-ce que ton frère a pris des légumes ou de la salade? _____
_____

5. Est-ce que ta mère est grande ou petite? _____

84

Part 11 Rewrite the following sentences in the Imperfect or the *passé composé,* as appropriate.

1. Je joue au football tous les jours. _____

_____

2. Tu vas à la fête samedi soir. _____

_____

3. Paul étudie toujours. _____

_____

4. Elles préparent un bon couscous pour le dîner. _____

_____

5. Nous allons en Bourgogne tous les étés. _____

_____

Part 12 Choose the correct verb form to complete each sentence. Then circle the corresponding letter.

1. Élise faisait ses devoirs quand le téléphone _____.

   a. sonnait   b. a sonné

2. Sa mère _____ la cuisine quand Élise a répondu au téléphone.

   a. faisait   b. a fait

3. Richard _____ dans sa chambre quand Élise l'a appelé au téléphone.

   a. était   b. a été

4. Quand son père est arrivé, Richard _____ toujours au téléphone.

   a. parlait   b. a parlé

5. Élise mettait la table quand Richard _____ dans la cuisine.

   a. entrait   b. est entré

Part 13 Complete the following sentences by filling in each blank with the appropriate adverb.

1. La leçon est facile.

   Les élèves comprennent _____.

2. Martine a donné une réponse correcte.

   Elle a répondu _____.

3. Le professeur est sérieux quand il parle.

   Il parle _____.

4. Paul est intelligent. C'est certain.

   Paul est _____ intelligent.

Part 14 Complete the following sentences by filling in each blank with the correct form of the verb indicated.

1. Robert et Chantal _____ un cours de chimie. Mme Hériteau est leur

   professeur. **suivre**

2. Nous _____ au vingtième siècle. **vivre**

3. Je ne sais pas pourquoi ce bœuf bourguignon n'est pas bon. J'_____ la

   recette. **suivre**

4. Tu vois ce chien? Je crois qu'il nous _____. **suivre**

5. Le pauvre chat est mort. Il n'_____ que quelques minutes à

   l'accident. **survivre**

Part 15 Complete the following sentences by filling in each blank with the correct form of the verb indicated.

1. Depuis combien de temps _____-t-elle du piano? **jouer**

2. Depuis quand _____-vous votre maison ou appartement? **habiter**

3. Depuis quand est-ce que vous _____ votre voiture? **avoir**

4. Depuis combien de temps _____-vous au lycée? **aller**

5. Depuis quand est-ce que ton frère _____ le français? **apprendre**

THE ANSWERS TO THIS SELF-TEST APPEAR ON PAGES 182–184.

86

Nom _____

9 Un Sculpteur imaginatif
Leçon

Vocabulaire

A. Identify each person or object.

Que vois-tu?

1. _un tableau_

4. _un musée_

2. _un sculpteur_

5. _un atelier_

3. _un peintre_

6. _une sculpture_

B. Look at the drawing and then describe the scene as fully as you can. Identify as many objects as possible.

Regardez!

C'est le port de New York. Dans le port il y a un phare. Le phare est une statue de la Liberté. Il y a un navire de guerre devant la statue. Le navire de guerre est chargé de caisses.

Structure

C. Complete the conversation about the dinner plans by filling in each blank with the correct expression with *avoir*.

Moi, j'ai faim!

1. —Il est déjà huit heures. Vous _avez envie_ d'aller au restaurant?

2. —Oui, nous _avons faim_. Allons dîner!

3. —Je prends mon manteau, parce que je ne veux pas _avoir froid_.

4. —Robert, si tu _as besoin_ d'argent, je peux te donner quelques francs.

5. —Le restaurant se trouve sur le boulevard Saint-Michel, n'est-ce pas?

   —Ah, non, tu _as tort_. Il se trouve sur l'avenue de la Motte-Picquet.

6. —Ah, oui, c'est vrai. Tu _as raison_! Allons-y!

D. Answer these questions about yourself.

Tu as l'air heureux.

1. Quand tu regardes la télé jusqu'à onze heures du soir, as-tu sommeil? _Oui, j'ai sommeil._

2. En quel mois a lieu ton anniversaire? _Mon anniversaire a lieu en ___._

3. Est-ce que tu as l'air heureux (heureuse) quand tu vas en classe? _Non, je n'ai pas l'air heureux (heureuse)._

4. Est-ce que tu restes chez toi quand tu as mal au ventre? _Oui, je reste chez moi quand j'ai mal au ventre._

5. Est-ce que tes amis ont l'air tristes quand il pleut en été? _Oui, ils ont l'air tristes quand il pleut en été._

6. Est-ce que tu as honte quand tu fais quelque chose de méchant? _Oui, j'ai honte quand je fais quelque chose de méchant._

E. **Answer the following questions about Monique in the affirmative. Use the pronoun _en_ in each answer.**

Monique fait des courses.

1. Est-ce que Monique fait des courses aujourd'hui? _Oui, elle en fait._

2. Est-ce qu'elle achète des robes? _Oui, elle en achète._

3. Est-ce qu'elle prend du coca au café? _Oui, elle en prend._

4. Est-ce qu'elle rencontre des amies au supermarché? _Oui, elle en rencontre._

5. Est-ce qu'elle achète du pain chez le boulanger? _Oui, elle en achète._

6. Est-ce qu'elle fait des devoirs quand elle rentre chez elle? _Oui, elle en fait._

7. Est-ce qu'elle mange de la langouste au dîner? _Oui, elle en mange._

F. **Answer the following questions about your family in the negative. Use the pronoun _en_ in each answer.**

Que fait la famille?

1. Prends-tu de la crème avec les dattes? _Non, je n'en prends pas._

2. Est-ce que ton père a peur des tigres? _Non, il n'en a pas peur._

3. Est-ce que ta sœur met de l'ail dans la sauce? _Non, elle n'en met pas._

4. Est-ce que tes cousins ont de bonnes notes à l'école? _Non, ils n'en ont pas._

5. Est-ce que ta mère fait du ski? _Non, elle n'en fait pas._

6. Est-ce que tu as besoin d'une lampe? _Non, je n'en ai pas besoin._

7. Est-ce que ton grand-père fait de la gymnastique? *Non, il n'en fait pas.*

8. Est-ce que ta tante est fière de ses dessins? *Non, elle n'en est pas fière.*

9. Est-ce que ton oncle a envie de voyager au Maroc? *Non, il n'en a pas envie.*

G. Complete the conversation with Richard by filling in each blank with an appropriate word.

Tu ne veux rien?

—Richard, tu viens du musée?

—Oui, j' *en* viens.

—Tu veux prendre un café avec nous?

—Non, merci. J' *en* bois trop!

—Tu ne veux pas de coca?

—Je n' *en* prends jamais!

—Tu ne veux rien?

—Non, merci.

H. Answer the following questions about your trip to the museum in the affirmative. Use the pronoun *en* in each answer.

Au musée

1. Avez-vous admiré des tableaux dans le musée? *Oui, j'en ai admiré.*

2. Est-ce que vous avez fait partie d'un groupe? *Oui, j'en ai fait partie.*

3. Est-ce que le guide a parlé des tableaux? *Oui, il en a parlé.*

4. Est-ce que vos amis ont visité des salles intéressantes? *Oui, ils en ont visité.*

5. Est-ce que vous avez vu des mosaïques? *Oui, j'en ai vu.*

6. Est-ce que vous avez étudié des tableaux? *Oui, j'en ai étudié.*

90

I. Use the imperative to tell the people to do the things they mention. Use *en* in your commands.

Ton idée? Parle-m'en!

1. Est-ce que je peux parler de mon projet?
   Oui, parles-en.

2. Est-ce que je dois acheter du sucre?
   Oui, achètes-en.

3. Est-ce que je peux prendre du champagne?
   Oui, prends-en.

4. Est-ce que je peux mettre de l'ail dans la sauce?
   Oui, mets-en dans la sauce.

5. Est-ce que nous pouvons manger des sandwiches?
   Oui, mangez-en.

6. Est-ce que nous pouvons boire du thé à la menthe?
   Oui, buvez-en.

7. Est-ce que nous écrivons des lettres?
   Oui, écrivez-en.

8. Est-ce que nous préparons des salades?
   Oui, préparez-en.

J. Rewrite the commands in Exercise I in the negative.

Ne m'en parle pas!

1. *N'en parle pas.*
2. *N'en achète pas.*
3. *N'en prends pas.*
4. *N'en mets pas dans la sauce.*
5. *N'en mangez pas.*
6. *N'en buvez pas.*
7. *N'en écrivez pas.*
8. *N'en préparez pas.*

Un peu plus: Vocabulaire et culture

K. **Read the following passage about the Louvre.**

Une visite au Louvre

Nous voici au musée du Louvre! C'est l'un des musées les plus renommés du monde. On peut y voir des statues, des tableaux, des objets d'art de presque toutes les époques. Le Louvre se trouve sur la Rive droite de la Seine à Paris. On a commencé sa construction au Moyen Âge. Il a d'abord servi de résidence royale; on l'appelle encore le palais du Louvre. À la Révolution de 1789 on en a fait un musée.

Les visiteurs qui viennent au Louvre pour la première fois veulent voir d'abord le célèbre tableau de Léonard de Vinci, *la Joconde,* et la statue de la Vénus de Milo. C'est une statue grecque mais l'auteur en est inconnu. L'artiste a dû être fier de son travail! On a trouvé la statue dans l'île grecque de Milo en 1820.

Si vous aimez l'art plus moderne, vous devez visiter le Jeu de Paume. Cette annexe du musée du Louvre est consacrée• à ces peintres qu'on appelle impressionnistes. Vers• la fin du dix-neuvième siècle, ces artistes (Claude Monet, Auguste Renoir et Paul Cézanne sont les plus célèbres) ont révolutionné la peinture. Ils ont pris comme sujets les événements de la vie quotidienne: des hommes qui jouent aux cartes, par exemple, ou des jeunes paysannes. Les impressionnistes se sont servi de la lumière• d'une façon vraiment remarquable dans leurs tableaux.

Et si vous n'aimez pas les musées? On peut passer un moment agréable dans les jardins des Tuileries, qui se trouvent entre le Louvre et le Jeu de Paume.

L. **Answer the following questions about the visit to the Louvre.**

Nous voici au musée!

1. Où se trouve le musée du Louvre? *Il se trouve sur la Rive droite de la Seine à Paris.*

2. Pourquoi est-ce qu'on appelle le Louvre un palais? *On l'appelle un palais parce qu'il a servi de résidence royale.*

3. Quel célèbre tableau de Léonard de Vinci se trouve au musée du Louvre? *La Joconde se trouve dans le Louvre.*

•**consacrée** *devoted*   •**vers** *toward*   •**lumière** *light*

4. Qu'est-ce que c'est que la Vénus de Milo? *La Vénus de Milo est une statue grecque.*

5. Qui étaient les impressionnistes? *Les impressionnistes étaient des artistes du dix-neuvième siècle.*

6. Est-ce que les impressionnistes se sont inspirés de la vie quotidienne dans leurs tableaux? *Oui, ils se sont inspirés de la vie quotidienne.*

7. Qu'est-ce qu'on peut faire près du Louvre si l'on n'aime pas les musées? *On peut voir les jardins des Tuileries.*

Pour s'amuser

M. Fill in the following. All the words end in *e*.

1. Claude Monet a été un _____ français.
2. Un navire de _____ ne transporte pas de passagers.
3. Elle était très _____ de ses bonnes notes.
4. La France a donné la _____ de la Liberté aux États-Unis.
5. Il est allé au Musée des Beaux Arts pour voir la _____.
6. Elle a _____ parce qu'elle n'a pas reçu de bonnes notes.
7. On peut voir beaucoup de statues et de tableaux dans le _____ du Louvre.
8. Il avait toujours _____ de visiter la France.

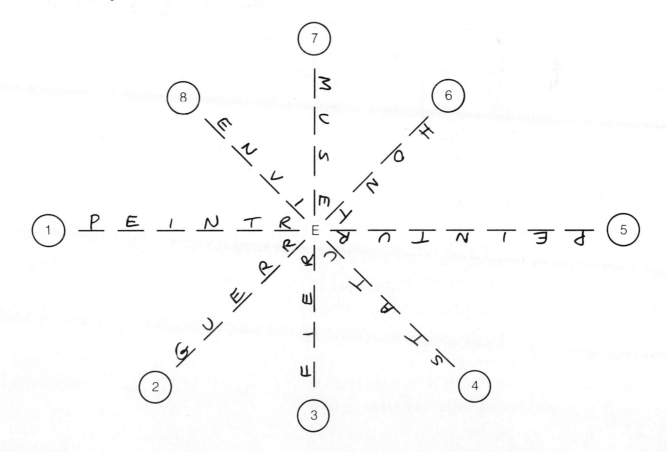

10 À l'hôtel

Leçon

Vocabulaire

A. Identify the people or objects in each picture.

Où sommes-nous?

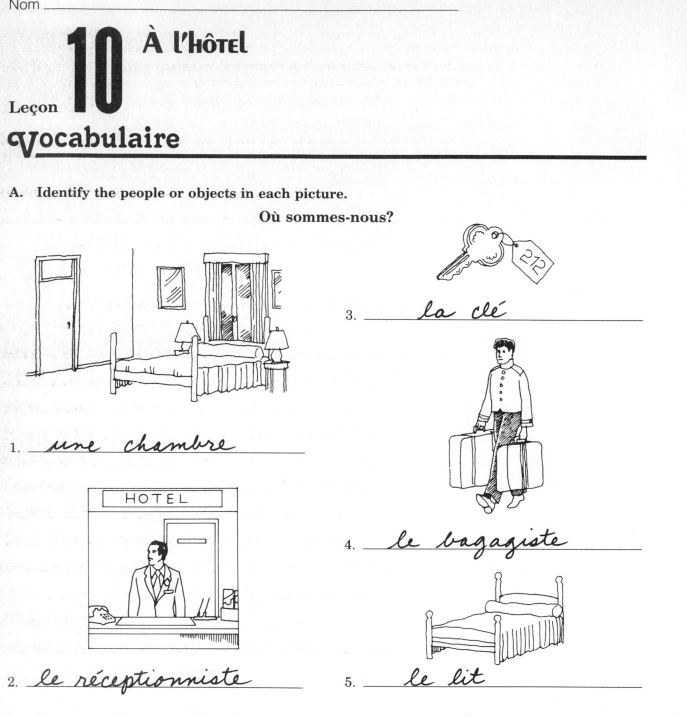

3. _____ *la clé* _____

1. _____ *une chambre* _____

4. _____ *le bagagiste* _____

2. _____ *le réceptionniste* _____

5. _____ *le lit* _____

B. Choose the best completion for each sentence. Then circle the corresponding letter.

À un petit hôtel

1. Un petit hôtel où l'on est logé et où l'on prend les repas s'appelle une _____.

   a. clé   b. caisse   (c.) pension

2. Une chambre propre n'est pas _____.

   (a.) sale   b. au deuxième étage   c. pension

3. Si l'on a besoin d'argent, on ne peut pas payer la _____.

   a. clé   b. cour   (c.) note

4. Comme notre chambre se trouve au neuvième étage, nous prenons _____ pour monter.

    a. la réception   (b.) l'ascenseur   c. la clé

5. Généralement, le bagagiste vous montre la chambre et vous donne la _____.

    (a.) clé   b. pension   c. caisse

6. Il n'y a pas de bruit: votre chambre _____ sur la cour.

    a. monte   (b.) donne   c. remplit

7. Normalement, vous devez inscrire votre nom sur la fiche d'_____.

    a. hôtel   (b.) enregistrement   c. étage

Structure

C. **Complete the paragraph about a birthday party by filling in each blank with the correct form of the future tense of the verb indicated.**

Une suprise-partie pour Jean-Luc

En novembre Marc __*donnera*__ (donner) une surprise-partie pour l'anniversaire de Jean-Luc. Il __*téléphonera*__ (téléphoner) à tous ses amis. Il __*invitera*__ (inviter) aussi ses cousins. Les amis __*s'amuseront*__ (s'amuser) bien. Ils __*joueront*__ (jouer) des disques et __*danseront*__ (danser). Ils __*oublieront*__ (oublier) pour toute une soirée professeurs, devoirs, travaux.

D. **Rewrite the sentences about a future dinner in a restaurant.**

Je choisirai un bon repas.

1. Michel mange des huîtres. *Michel mangera des huîtres.*
2. Les filles prennent des fruits de mer. *Les filles prendront des fruits de mer.*
3. Ginette attend ses amis. *Ginette attendra ses amis.*
4. Le garçon nous parle en français. *Le garçon nous parlera en français.*
5. Nous le comprenons. *Nous le comprendrons.*
6. Tu choisis la tarte aux pommes? *Tu choisiras la tarte aux pommes?*
7. Je lis vite le menu. *Je lirai vite le menu.*
8. Je prends une glace. *Je prendrai une glace.*
9. Nous demandons l'addition. *Nous demanderons l'addition.*
10. Le patron nous remercie. *Le patron nous remerciera.*

E. Read the following paragraph about a stay at a hotel. Then rewrite the passage, changing *Hier soir* to *Lundi prochain* and changing the underlined verbs to the future.

À l'hôtel

Hier soir nous <u>sommes arrivés</u> à l'hôtel. André <u>a descendu</u> les valises de la voiture, et nous <u>sommes entrés</u> dans le hall. Mes amis <u>ont demandé</u> le prix de la chambre. Le réceptionniste nous <u>a donné</u> la fiche d'enregistrement et je l'ai remplie. Le bagagiste <u>a monté</u> les valises. À neuf heures et demie, nous <u>avons dîné</u> dans un très bon restaurant. Nous <u>avons mangé</u> un gigot d'agneau, et Henri <u>a commandé</u> un bon Bourgogne.

Lundi prochain nous arriverons à l'hôtel. André descendra les valises de la voiture, et nous entrerons dans le hall. Mes amis demanderont le prix de la chambre. Le réceptionniste nous donnera la fiche d'enregistrement et je la remplirai. Le bagagiste montera les valises. À neuf heures et demie, nous dînerons dans un très bon restaurant. Nous mangerons un gigot d'agneau, et Henri commandera un bon Bourgogne.

F. Complete the sentences about tomorrow's activities by filling in each blank with the correct form of the future tense of the verb indicated.

Qu'est-ce qui se passera demain?

1. Au parc, je _jetterai_ du pain aux petits oiseaux. **jeter**
2. À l'hôtel, M. Dupuy _paiera_ sa note avec une carte de crédit. **payer**
3. Au supermarché, nous _achèterons_ du sucre. **acheter**
4. Chez moi, je _me lèverai_ à sept heures. **se lever**
5. Chez vous, vous _appellerez_ Paul à midi. **appeler**

G. Look at the illustrations and then complete each sentence by filling in the blank with an expression of quantity. Use *en* and *beaucoup, plusieurs, assez, trop, très peu, aucun,* or a number.

Marie a beaucoup d'amies.

1. Des amies entourent Marie. Il y _en_ a _quatre_.

Nom _____

2. Henri, combien de chats a-t-il? Il

_____*en*_____ a

_____*trois*_____ .

3. Est-ce que Thérèse a vu beaucoup d'oiseaux?

Oui, elle _____*en*_____ a vu

_____*beaucoup*_____ .

4. Est-ce que Michel a plusieurs disques? Non, il

_____*n'en*_____ a

_____*que*_____

_____*deux*_____ .

5. Est-ce que Monique a trop d'animaux

familiers? Évidemment, elle

_____*en*_____ a

_____*trop*_____ !

6. Combien de garçons est-ce qu'il y a dans

l'équipe? Il y _____*en*_____

a _____*six*_____ .

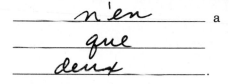

7. Combien de bateaux y a-t-il dans la baie? Il

n'y _____*en*_____ a

_____*aucun*_____ .

97

H. Answer these questions about yourself. Use *en* and an appropriate expression of quantity.

J'en ai beaucoup!

1. Vous avez combien de fenêtres dans votre maison ou dans votre appartement? *J'en ai —.*

2. Vous avez combien de frères? *J'en ai —. (Je n'en ai aucun.)*

3. Vous avez combien de sœurs? *J'en ai —. (Je n'en ai aucune.)*

4. Vous avez combien d'animaux familiers? *J'en ai —. (Je n'en ai aucun.)*

5. Votre frère a plusieurs amis? *Oui, il en a plusieurs.*

6. Il a assez de disques? *Oui, il en a assez. (Non, il n'en a pas assez.)*

7. Votre sœur a trop de vêtements? *Non, elle n'en a pas trop.*

8. Votre père a beaucoup de travail? *Oui, il en a beaucoup.*

9. Votre mère a assez d'argent? *Oui, elle en a assez. (Non elle n'en a pas assez.)*

10. Et vous, vous avez beaucoup de temps libre à l'école? *Non, je n'en ai pas beaucoup. (Oui, j'en ai beaucoup.)*

I. Answer these questions in the affirmative. Substitute the correct pronoun for the underlined words in each sentence.

Nous avons parlé de nos amis.

1. Est-ce que Richard a parlé d'<u>Annette</u>? *Oui, il a parlé d'elle.*

2. Est-ce que Marie a parlé de <u>son père</u>? *Oui, elle a parlé de lui.*

3. Est-ce que Ginette a parlé de <u>son travail</u>? *Oui, elle en a parlé.*

4. Est-ce qu'on a besoin de <u>la voiture</u>? *Oui, on en a besoin.*

5. Est-ce que Claudette est fière de <u>ses tableaux</u>? *Oui, elle en est fière.*

6. Est-ce que Robert a commandé de <u>la viande</u>? *Oui, il en a commandé.*

7. Est-ce que Michel a peur de <u>ses parents</u>? *Oui, il a peur d'eux.*

8. Est-ce que Gabrielle a acheté de <u>jolis bracelets</u>? *Oui, elle en a acheté.*

9. Est-ce que Charles a parlé de <u>son amie canadienne</u>? *Oui, il a parlé d'elle.*

10. Est-ce que Lucien a des <u>professeurs canadiens</u>? *Oui, il en a.*

Nom _____

Un peu plus: Vocabulaire et culture _____

J. Read the following selection about the
famous castles of France.

Les châteaux de la Loire

Chenonceaux

Amboise, Chambord, Angers, Chenonceaux,
Blois.... Ce sont des noms qui enchantent.
Chaque année ces châteaux célèbres attirent
plusieurs millions de visiteurs; à Chenonceaux
seulement, il y en a 600 000!

Les châteaux les plus grands et les plus renommés se trouvent dans la vallée de
la Loire, au sud-ouest de Paris. La Loire est le plus long fleuve de France; elle
traverse la moitié occidentale° du pays. La région des châteaux se trouve entre
Orléans et Angers. Elle comprend en fait trois régions distinctes: la Sologne, la
Touraine et l'Anjou. Mais les visiteurs ne sont pas très loin de la capitale. La jolie
ville d'Orléans, par exemple, ne se trouve qu'à 115 kilomètres de Paris.

Chaque château possède une personnalité individuelle. À Chambord, par
exemple, c'est la grandeur d'un château qui comprend 440 chambres et 365
cheminées! À l'origine, le château était un pavillon de chasse° pour le roi François
Ier. Aujourd'hui encore il y a des cerfs° et des sangliers° en liberté dans la forêt de
Chambord.

Au château d'Angers, les visiteurs peuvent admirer des tapisseries° qui
remontent au quatorzième siècle—on pense que ces tapisseries sont les plus
anciennes du monde. À Chenonceaux, vous pouvez louer° une barque et ramer° sur
la rivière qui passe sous la galerie.

Qu'est-ce qui fait que ces châteaux sont aussi impressionnants et aussi
inoubliables? C'est peut-être le mélange harmonieux de l'art et de la nature. Dans
les châteaux il y a des tableaux, des sculptures, de grands escaliers, des tapisseries
et des meubles somptueux°. Au dehors, il y a les jardins, les parcs, les remparts et
la douceur de la Loire. Pour une grande part, l'histoire des grands châteaux est
liée° à l'histoire de la France.

K. Answer the following questions about the castles of France.

Les grands châteaux

1. Où se trouvent les grands châteaux? *Ils se trouvent dans
la vallée de la Loire.*

2. Est-ce qu'il faut aller loin de Paris pour visiter les châteaux de la Loire? *Non, les
châteaux ne sont pas loin de Paris.*

°**moitié occidentale** *western half* °**pavillon de chasse** *hunting lodge*
°**cerfs** *stags* °**sangliers** *wild boars* °**tapisseries** *tapestries* °**louer** *rent*
°**ramer** *row* °**somptueux** *luxurious* °**est liée** *is connected*

3. Qu'est-ce que chaque château possède? *Chaque château possède une personnalité individuelle.*

4. Qu'est-ce qui était le château de Chambord à l'origine? *À l'origine c'était un pavillon de chasse pour le roi François 1ᵉʳ.*

5. Qu'est-ce qu'il y a aujourd'hui dans la forêt de Chambord? *Il y a des cerfs et des sangliers.*

6. Qu'est-ce qu'on peut faire à Chenonceaux? *On peut louer une barque et ramer sous la galerie.*

7. À quoi est-ce que l'histoire des grands châteaux est liée? *Elle est liée à l'histoire de la France.*

8. Si vous allez en France, est-ce que vous visiterez les châteaux de la Loire? *Oui, si je vais en France je visiterai les châteaux.*

Pour s'amuser

L. Group the following letters correctly to reveal three sentences describing a stay at a hotel.

P	A	■	U	L	E
S	T	A	R	■	R
I	V	■	E	A	L
H	■	O	T	E	■
L	E	T	A	R	■
E	M	P	■	L	I
■	L	A	F	I	C

H	E	D	E	■	N
R	E	G	I	■	S
T	■	R	E	M	■
E	N	T	M	■	A
L	H	E	■	U	R
E	U	■	S	E	M
■	E	N	T	S	A

C	■	H	A	M	■
B	R	■	E	D	O
N	N	A	■	I	T
S	■	U	R	L	■
A	R	U	E	O	■
■	U	I	L	Y	A
V	A	■	I	T	B

E	A	U	■	C	O
U	P	D	■	E	B
R	■	U	I	T	I
L	N	E	S	■	
T	R	E	S		T
■	E	Q	U		U
N	J	■	O	U	R

Paul est arrivé à l'hôtel et a rempli la fiche d'enregistrement. Malheureusement, sa chambre donnait sur la rue où il y avait beaucoup de bruit. Il n'est resté qu'un jour.

Nom _____

11 ON EST EN ROUTE

Leçon

Vocabulaire

A. Complete the sentences about safe driving by filling in each blank with an appropriate word.

En route!

1. Quand il y a un feu vert, les ___*piétons*___ traversent la rue à pied.

2. Les voitures ___*s'arrêtent*___ à un croisement. *(ralentissent)*

3. Quand on gare sa voiture devant un ___*parcmètre*___, il faut avoir des pièces.

4. Si vous prenez l'autoroute, généralement il est nécessaire de payer des

   ___*péages*___.

5. Quand vous arrivez à un feu rouge, vous devez ___*vous arrêter*___ *(freiner)*

B. Identify the people or objects in each illustration.

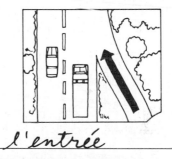

3. ___*l'entrée*___

4. ___*le poids lourd*___

1. ___*la contractuelle*___

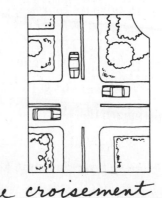

2. ___*le péage*___

5. ___*le croisement*___

C. Complete the story of Jean's trip by filling in each blank with an appropriate word.

Un voyage en voiture

Jean fait un voyage en voiture de Paris à Marseille. Il va prendre l' _autoroute_ du sud. Sur le boulevard Suchet, un _agent_ routier lui indique l' _entrée_ de l'autoroute. Un autre _agent_ lui indique que la _limite_ autorisée est 110 kilomètres à l'heure. Alors, il peut rouler assez vite. De plus, il y a plus d'une _voie_ dans chaque sens. S'il s'approche des camions ou des _poids_ _lourds_ qui ralentissent, il peut les _doubler_ facilement. Mais quand il rencontrera un _motard_, Jean freinera très volontiers!

Structure

D. Complete the discussion about next year by filling in each blank with the correct form of the future tense of the verb indicated.

L'année prochaine

1. J' _aurai_ seize ans. **avoir**
2. Je _serai_ plus âgé(e). **être**
3. J' _irai_ à la campagne en été. **aller**
4. Il _fera_ du ski. **faire**
5. Nous _serons_ heureux. **être**
6. Vous _saurez_ vos leçons. **savoir**
7. Elles _iront_ en Bourgogne. **aller**
8. Nous _aurons_ nos permis de conduire. **avoir**
9. Tu _feras_ un long voyage en Italie. **faire**

E. Ask Marie what she is going to do this weekend. Substitute the correct form of the future tense for each underlined phrase.

Feras-tu les courses?

1. Est-ce qu'elle <u>va faire</u> les courses? _Feras-tu les courses?_

2. Est-ce qu'elle <u>va aller</u> pique-niquer au bord du lac? _Iras-tu pique-niquer au bord du lac?_

3. Est-ce qu'elle <u>va acheter</u> une robe? _Achèteras-tu une robe?_

4. Est-ce qu'elle <u>va se lever</u> de bonne heure samedi matin? _Te lèveras-tu de bonne heure samedi matin?_

Nom _____

5. Est-ce qu'elle <u>va regarder</u> la télé? *Regarderas-tu la télé?*

6. Est-ce qu'elle <u>va écouter</u> la radio? *Écouteras-tu la radio?*

7. Est-ce qu'elle <u>va être</u> seule? *Seras-tu seule?*

8. Est-ce qu'elle <u>va le savoir</u> plus tard? *Le sauras-tu plus tard?*

F. Complete the sentences by filling in each blank with the correct form of the future tense of the verb indicated.

On n'a pas d'argent.

Si nous n'avons pas d'argent...

1. nous n' *irons* pas à la fête foraine. **aller**
2. nous ne *ferons* pas de voyage en France cet été. **faire**
3. nous n' *irons* pas au restaurant mercredi soir. **aller**
4. nous n' *aurons* pas une nouvelle voiture. **avoir**
5. nous ne *ferons* pas de ski en janvier. **faire**
6. nous ne *prendrons* pas de steak pour le dîner. **prendre**
7. nous n' *achèterons* pas une nouvelle télé l'hiver prochain. **acheter**
8. nous ne *serons* pas heureux! **être**

G. Answer these questions about yourself.

Mes projets

1. Est-ce que tu seras heureux (heureuse) quand les vacances d'été arriveront? *Oui, je serai heureux quand les vacances d'été arriveront.*

2. Est-ce que tu auras ton permis de conduire quand tu auras seize ans? *Oui, j'aurai mon permis de conduire quand j'aurai seize ans.*

3. Est-ce que tu feras une excursion quand tu auras du temps libre ce week-end? *Oui, je ferai une excursion quand j'aurai du temps libre ce week-end.*

4. Est-ce que tu iras à la plage quand tu seras en vacances? *Oui, j'irai à la plage quand je serai en vacances.*

5. Est-ce que tu achèteras des disques quand ton père te donnera de l'argent? *Oui, j'achèterai des disques quand mon père me donnera de l'argent.*

6. Est-ce que tu parleras bien le français quand tu voyageras en France? *Oui, je parlerai bien le français quand je voyagerai en France.*

H. Complete the sentences about the future plans by filling in each blank with *si* or *quand*.

Au futur

1. _____*Si*_____ tu roules trop vite sur l'autoroute, tu seras en danger.
2. _____*Quand*_____ nous aurons beaucoup d'argent, nous achèterons une maison à la campagne.
3. _____*Si*_____ vous voulez visiter le musée, vous n'aurez pas le temps d'aller dans les magasins.
4. _____*Quand*_____ les voitures s'arrêteront, les piétons traverseront la rue.
5. _____*Quand*_____ Michel aura trente ans, il sera docteur.
6. _____*Quand*_____ Annette ira à Chartres, elle sera heureuse.
7. _____*Si*_____ j'ai assez d'argent, j'irai au cinéma.

I. Look at the illustration and then choose the best completion for each sentence. Then circle the corresponding letter.

Les directions

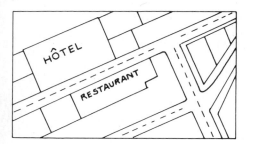

1. Le restaurant se trouve _____ de l'hôtel.
   (a.) en face   b. tout droit   c. loin

2. La boulangerie se trouve _____.
   a. à droite   b. près du parcmètre   (c.) au coin

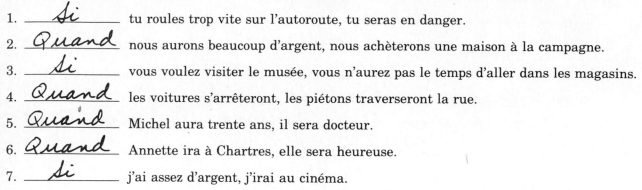

3. Pour aller à la poste, vous continuez jusqu'à la troisième rue et vous tournez _____.
   a. tout droit   b. à droite   (c.) à gauche

4. La pâtisserie se trouve _____ la crèmerie.
   a. en face de   (b.) à côté de   c. loin de

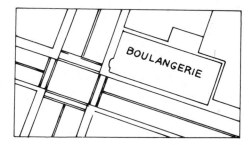

104

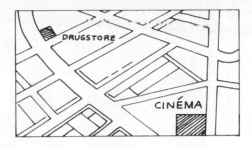

5. Le drugstore est _____ du cinéma.

   (a.) loin   b. à gauche   c. en face

Un peu plus: Vocabulaire et culture _____

J. Here is a detailed map of the château country. Describe in French the routes you will follow in the car to visit the most famous châteaux: Blois, Amboise, Chambord, Chenonceaux, and Angers.

Dans la vallée de la Loire

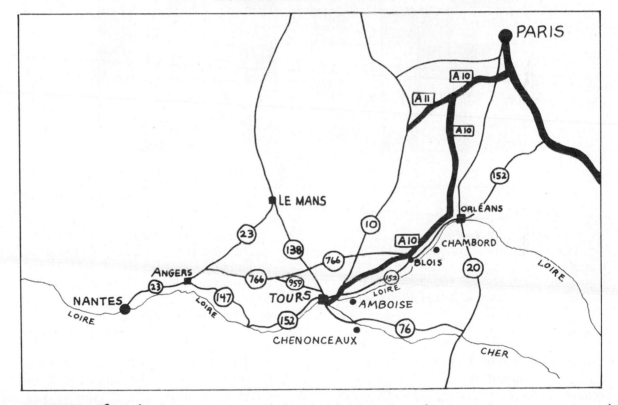

De Paris je prendrai l'autoroute 10 à Chambord, qui n'est pas loin de l'autoroute. De Chambord je suivrai la Loire à Blois. De Blois je prendrai la 152 à Amboise. D'Amboise je prendrai la 152 à Tours où je chercherai la 76 pour aller à Chenonceaux. Pour aller à Angers je prendrai d'abord la 76 et ensuite la 152 et la 147.

Pour s'amuser

K. Fill in the following crossword.

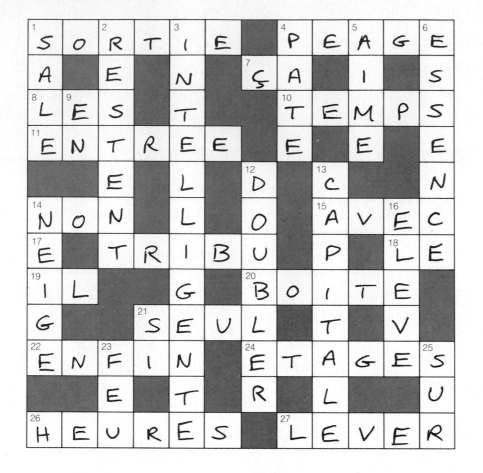

Across
1. Ce n'est pas l'entrée, c'est la _____.
4. On doit payer un _____ sur les autoroutes.
7. Comment _____ va? Bien, merci.
8. À Paris, j'ai vu les sculptures de Rodin. Je _____ ai admirées.
10. Depuis combien de _____ habites-tu cette ville?
11. Vous voulez prendre l'autoroute? Il y a une _____ pas loin d'ici.
14. Avez-vous du pain? _____, je n'en ai pas.
15. Je vais dîner en ville _____ Jean.
17. Le guérisseur est une sorte de médecin d'une _____.
18. Chantal n'aime pas _____ café.
19. _____ fait froid aujourd'hui.
20. Un cabaret est une _____ à chansons.
21. Vas-tu en ville avec Henri? Non, j'y vais tout _____.
22. Je l'ai attendu trois heures; _____, il est arrivé.
24. Combien d'_____ a cet immeuble?
26. Il est trois _____ et demie.
27. Le lycéen doit se _____ à sept heures.

Down
2. Ils _____ à l'hôtel une semaine.
3. Chantal est très _____; elle reçoit toujours de bonnes notes.
4. Henri est allé dîner en Provence et il a commandé du _____.
5. J'_____ beaucoup aller au théâtre.
6. Vois-tu une station-service? Je n'ai plus d'_____.
9. Nous irons dîner _____ ville demain.
12. Quand il y a plusieurs voies dans chaque direction, on peut _____ une voiture qui ralentit.
13. Paris est la _____ de France.
14. Il _____; tous les skieurs sont heureux.
16. En semaine, l'_____ va à l'école à huit heures.
21. Nous irons au musée _____ nous aurons le temps.
23. On doit s'arrêter au _____ rouge.
25. Les assiettes sont _____ la table.

106

12 Une lycéenne

Leçon

Vocabulaire

A. Complete the story about Sophie by filling in each blank with an appropriate word.

Sophie est lycéenne.

1. Au lycée, Sophie prend son déjeuner à la _cantine_.
2. Elle est demi-_pensionnaire_.
3. À la Maison des Jeunes, elle chante dans une _chorale_.
4. Elle y va tous les mercredis, quand elle a du _temps_ libre.
5. À l'auto-école, elle suit un cours de _conduite_.

B. Answer these questions about yourself.

Les heures de loisir

1. Quand tu as des loisirs, qu'est-ce que tu fais? _(Answers will vary.)_

2. Est-ce que tu as beaucoup d'heures de loisir en semaine? _Non, je n'ai pas beaucoup d'heures de loisir en semaine._

3. Comment trouves-tu les déjeuners à la cantine de ton école? _Je les trouve ——._

4. Est-ce que tu suis neuf cours à l'école? Si non, combien de cours suis-tu? _Je suis —— cours._

5. Est-ce que tu joues au billard? Au football? Au basket-ball? Du piano? De la guitare? Aux cartes? _Oui, je joue ——. Non, je ne joue pas ——._

6. Est-ce que tu suis un cours de conduite dans une auto-école? _Oui, je suis un cours de conduite dans une auto-école._

7. Est-ce que tu préfères danser ou écouter des disques? _Je préfère ——._

Structure

C. Complete the conversation with Monique by filling in each blank with the correct form of the future tense of the verb indicated.

Où ira Monique?

—Ah, Monique, est-ce que tu __iras__ (aller) chez Robert demain soir?

—Je ne sais pas encore si je __pourrai__ (pouvoir) y aller, Maurice. Je le __saurai__ (savoir) à cinq heures.

—Est-ce que tu __devras__ (devoir) aider ta mère chez toi?

—On __verra__ (voir). Mais je te téléphonerai à cinq heures et demie.

—D'accord, comme tu __voudras__ (vouloir). Quand je __recevrai__ (recevoir) ton coup de téléphone, je téléphonerai à Robert.

D. Complete the discussion of tomorrow's plans by filling in each blank with the correct form of the future tense of the verb indicated.

Demain je m'amuserai beaucoup!

Demain, nous...

1. __verrons__ un nouveau film. **voir**
2. __devrons__ aider nos parents. **devoir**
3. __voudrons__ aller au restaurant. **vouloir**
4. __viendrons__ en classe avec nos cousins. **venir**
5. __recevrons__ un joli cadeau. **recevoir**
6. __pourrons__ regarder la télé jusqu'à sept heures du soir. **pouvoir**
7. __enverrons__ une lettre à notre grand-mère. **envoyer**

E. Complete the conversation by filling in each blank with the correct form of the future tense of the verb indicated.

Les grandes vacances

—Quand je __serai__ (être) en Bretagne en juillet, j'__enverrai__ (envoyer) des cartes postales à Michel.

—Est-ce qu'il les __recevra__ (recevoir)? Il __ira__ (aller) au Maroc en juillet.

—Crois-tu qu'il __pourra__ (pouvoir) nous trouver de jolis bracelets marocains?

—J'en suis sûre. Mais je ne sais pas quand il __reviendra__ (revenir) à Paris.

—Il le __saura__ (savoir) peut-être la semaine prochaine.

108

F. **Answer the following questions, using *Personne* or *Rien* as subject.**

Rien ne s'est passé.

1. Qui va se coucher dans la salle de bains? _Personne ne va se coucher dans la salle de bains._

2. Qu'est-ce qui est tombé de la table? _Rien n'est tombé de la table._

3. Qui nous regarde? _Personne ne nous regarde._

4. Qui écoute la radio? _Personne n'écoute la radio._

5. Qui achète de nouvelles robes? _Personne n'achète de nouvelles robes._

6. Qu'est-ce qui se passe aujourd'hui? _Rien ne se passe aujourd'hui._

G. **Answer these questions about yourself in the affirmative. Use the pronoun *y* in each answer.**

J'y vais en été.

1. Est-ce que tu vas à la plage en été? _Oui, j'y vais en été._

2. Est-ce que tu nages dans la mer? _Oui, j'y nage._

3. Est-ce que tu vas aux soirées dansantes? _Oui, j'y vais._

4. Est-ce que tu regardes la télé chez Richard? _Oui, j'y regarde la télé._

5. Est-ce que tu attends l'autobus devant l'hôtel? _Oui, j'y attends l'autobus._

6. Est-ce que tu vas au match de foot tous les samedis? _Oui, j'y vais tous les samedis._

7. Est-ce que tu mets les assiettes sur la table? _Oui, j'y mets les assiettes._

H. Answer these questions about yourself in the negative. Replace the underlined phrase in each sentence with the appropriate pronoun.

Les projets pour demain

1. Vous irez <u>à la poste</u> demain matin? *Non, je n'y irai pas demain matin.*

2. Vous enverrez une carte postale <u>à Paul?</u> *Non, je ne lui enverrai pas de carte postale.*

3. Vous verrez les skieurs <u>à Chamonix?</u> *Non, je n'y verrai pas les skieurs.*

4. Vous suivrez sept cours <u>au lycée?</u> *Non, je n'y suivrai pas sept cours.*

5. Vous voudrez aller <u>à la soirée dansante?</u> *Non, je ne voudrai pas y aller.*

6. Vous irez <u>à la MJC</u> vendredi? *Non, je n'y irai pas vendredi.*

7. Vous répondrez <u>à la lettre?</u> *Non, je n'y répondrai pas.*

8. Vous attendrez votre frère <u>en face de la poste?</u> *Non, je n'y attendrai pas mon frère.*

9. Vous pourrez écrire <u>à vos grands-parents?</u> *Non, je ne pourrai pas leur écrire.*

10. Vous le saurez quand vous téléphonerez <u>à Marie?</u> *Non, je ne le saurai pas quand je lui téléphonerai.*

I. Answer the following questions in the affirmative. Use the pronoun *y* or *en* or the appropriate prepositional pronoun in each answer.

Je réponds aux questions.

1. Est-ce que les chats ont bu du lait? *Oui, ils en ont bu.*

2. Est-ce que les chiens mangent de la viande? *Oui, ils en mangent.*

3. Est-ce que le chat est dans la rue? *Oui, il y est.*

4. Est-ce que vous écrivez à Lisette? *Oui, je lui écris.*

5. Est-ce que Lisette a parlé de ses cousins? *Oui, elle a parlé d'eux.*

6. Est-ce que Robert a plusieurs disques? *Oui, il en a plusieurs.*

7. Est-ce que vous serez au lycée vendredi? *Oui, j'y serai vendredi.*

8. Est-ce que vous irez chez Aline samedi soir? *Oui, j'y irai samedi soir.*

9. Est-ce que vous prendrez du coca? *Oui, j'en prendrai.*

10. Est-ce que vous pourrez aller au cabaret? *Oui, je pourrai y aller.*

Nom _____

Un peu plus: Vocabulaire et culture _____

J. What is your favorite hobby? Here are some French hobbies. Compare each vocabulary item with its illustration. Then answer the four questions that follow.

Les passe-temps (ou les distractions)

1. la photographie

2. le camping

3. la philatélie

4. l'astronomie

5. l'astrologie

6. l'observation des oiseaux

7. le dessin

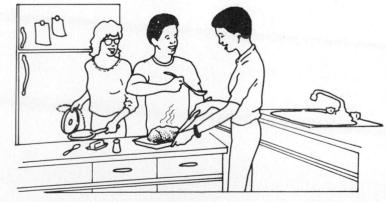

8. la cuisine

111

Est-ce que vous jouez...

9. aux cartes? _Oui, je joue (Non, je ne joue pas) aux cartes._

10. aux dominos? _Oui, je joue (Non, je ne joue pas) aux dominos._

11. aux échecs? _Oui, je joue (Non, je ne joue pas) aux échecs._

12. Quel est votre passe-temps favori? _Mon passe-temps favori est_ _____.

Pour s'amuser

K. Change one letter in each of the following words to form a new word.

1. voir _noir, soir, voie, voit, vois, voix_

2. cour _pour, coup, tour_

3. fier _hier_

4. air _ail_

5. livre _vivre, libre, litre_

6. poli _joli_

7. feu _peu, jeu, fou_

8. foule _boule, roule_

9. port _porc, sort, mort, tort, dort, pont, fort_

10. raison _saison, raisin_

Nom _____

SELF-TEST AFTER LESSON 12

Part 1   **Answer the following questions.**

1. Que fait un peintre? _____

2. Que fait un sculpteur? _____

3. Où travaillent les artistes? _____

4. Où y a-t-il beaucoup de tableaux célèbres? _____

_____

5. Y a-t-il une statue dans le port de New York? _____

_____

6. Est-ce que les paquebots transportent des passagers? _____

Part 2   **Complete the sentences by filling in each blank with an appropriate term.**

1. La réception d'un hôtel se trouve dans le _____.

2. Si l'on n'a pas assez d'argent, on peut utiliser une _____ pour payer la note.

3. Dans un hôtel, c'est le _____ qui monte les valises.

4. Est-ce que tu préfères une chambre qui _____ sur la rue?

5. Si tu perds la _____, tu ne pourras pas ouvrir la porte.

Part 3   **Identify the objects in each illustration.**

1. _____   2. _____

3. _____

4. _____

5. _____

Part 4   Complete the sentences by filling in each blank with an appropriate term.

1. Annette _____ neuf cours cette année.

2. Elle est _____-_____ au lycée Charles de Gaulle; elle déjeune

   à la _____.

3. Elle chante dans une _____.

4. Elle passe ses heures de loisir à la _____ _____ _____.

5. À l'auto-école, elle suit un cours de _____.

Part 5   Complete the sentences by filling in each blank with an expression with *avoir*.

1. Quand Michel reçoit de mauvaises notes, il _____.

2. J'ai fait beaucoup de devoirs. J'_____ à la tête.

3. Si ton anniversaire _____ en septembre, on va le célébrer à Paris.

4. Quand Henri _____, il va se coucher.

5. Si ces filles _____ heureuses, c'est parce qu'elles ont reçu un cadeau.

Part 6   Answer the following questions in the affirmative, using the pronoun *en*.

1. Est-ce qu'il boit du lait? _____

2. Est-ce que nous mangeons des huîtres? _____

3. Est-ce qu'ils font de la sculpture? _____

4. Est-ce que le peintre est fier de son tableau? _____

114

5. Est-ce qu'elle met du fromage dans la salade? _____

_____

6. Est-ce que nous parlons de l'excursion? _____

7. Est-ce que tu as peur des tigres? _____

Part 7   **Answer the following questions in the affirmative, using the pronoun *en*.**

1. As-tu parlé de tes notes? _____

2. As-tu acheté des disques? _____

3. As-tu mangé des bonbons? _____

4. As-tu pris du lait? _____

5. As-tu écrit des lettres? _____

Part 8   **Answer the first two questions with a negative command, using the pronoun *en*. Answer the second two questions with an affirmative command, using the pronoun *en*.**

Negative

1. Est-ce que je peux servir des escargots? _____

2. Est-ce que je dois acheter du lait? _____

Affirmative

3. Est-ce que je peux parler de mes projets? _____

4. Est-ce que je dois manger de la viande? _____

Part 9   **Rewrite the sentences in the future.**

1. Hélène finit son travail à dix heures. _____

_____

2. Les clients remplissent les fiches d'enregistrement. _____

_____

3. Mme Courbet attend son mari devant la banque. _____

_____

4. André prend deux baguettes chez le boulanger. _____

_____

5. Les parents de Julie choisissent une nouvelle voiture. _____

_____

6. Le professeur parle de l'art moderne. _____

_____

7. À cause de la neige, les élèves arrivent en retard. _____

_____

8. Le professeur leur donne des devoirs. _____

_____

Part 10   Complete the sentences by filling in each blank with the correct
form of the future tense of the verb indicated.

1. Marc _____ avant le lever du soleil. **se lever**

2. Les Martin _____ une maison à la campagne. **acheter**

3. M. Lyauty _____ sa note avec une carte de crédit. **payer**

4. À quelle heure _____-tu les enfants? **appeler**

Part 11   Answer the following questions in the affirmative, using the
pronoun *en.*

1. Est-ce que Marie a beaucoup de disques? _____

_____

2. Est-ce que tu as vu beaucoup d'oiseaux? _____

_____

3. Est-ce que Claude a acheté assez de légumes? _____

_____

4. Est-ce que nous lisons plusieurs livres? _____

_____

5. Est-ce qu'ils écoutent beaucoup de cassettes? _____

_____

Part 12   Answer the following questions in the negative, substituting the
correct pronoun for the underlined words.

1. Est-ce qu'Henri a parlé de <u>sa mère</u>? _____

_____

2. Est-ce que Charles a parlé <u>de son voyage?</u> _____

_____

3. Est-ce que Suzette a besoin <u>de sa voiture?</u> _____

_____

4. Est-ce que Michel était fier <u>de son travail?</u> _____

_____

5. Est-ce que tu as <u>des amis français?</u> _____

116

Part 13   Complete the sentences by filling in each blank with the correct
form of the future tense of the verb indicated.

1. Demain je _____ tout!   **savoir**

2.–3. Eddy _____ très content quand il _____

son permis de conduire.   **être, avoir**

4. Les enfants disent qu'ils _____ tous leurs devoirs cette année.   **faire**

5. Nous _____ tous dans la même station balnéaire.   **aller**

Part 14   Complete the sentences by filling in each blank with the correct
form of the future tense of the verb indicated.

1. Si nous allons en ville, nous _____ les nouvelles.   **apprendre**

2. Si vous venez avec nous, vous _____ content.   **être**

3. S'il lit beaucoup de livres, il _____ beaucoup de choses.   **savoir**

4. S'ils ont du temps libre, ils _____ au match.   **aller**

5. Si tu veux, nous _____ une excursion intéressante.   **faire**

Part 15   Complete the sentences by filling in each blank with the correct
form of the verb indicated.

1. Quand il _____ ce soir, nous _____.   **arriver,
dîner**

2. Quand Suzette _____ les huîtres demain, nous les
_____.   **acheter, manger**

3. Quand Guillaume _____ de l'école vendredi, il nous
_____ de ses notes.   **rentrer, parler**

4. Quand nous _____ fatigués ce soir, nous nous
_____.   **être, coucher**

Part 16   Complete the sentences by filling in each blank with the correct
form of the future tense of the verb indicated.

1. Si tu veux réussir cette année, tu _____ étudier.   **devoir**

2. Les élèves _____ leurs notes la semaine prochaine.   **recevoir**

3. Si je n'ai pas d'argent, je ne _____ pas aller au cinéma.   **pouvoir**

4.–5. Quand Éliane _____ la mobylette, elle
_____ l'acheter tout de suite.   **voir, vouloir**

6. Tout le monde _____ à l'heure.   **venir**

7. Ce blouson ne me va pas. Je l'_____ à ma sœur.   **envoyer**

Part 17   Answer the questions in the *passé composé,* using *Personne ne* or *Rien ne* as subject.

1. Qu'est-ce qui s'est passé hier? _____

2. Qui a fait ses devoirs? _____

3. Qui a monté ces bagages? _____

4. Qui est allé sur la place? _____

5. Qu'est-ce qui est écrit sur le panneau? _____

_____

Part 18   Answer the following questions in the affirmative. Substitute the pronoun *y* or the appropriate indirect object or prepositional pronoun for the underlined words in each question.

1. Est-ce qu'elles vont à la fête? _____

2. Est-ce que Suzette répond à Marc? _____

_____

3. Est-ce que tu téléphones à nos amis? _____

4. Est-ce qu'ils sont devant l'église? _____

5. Est-ce que nous allons chez Richard? _____

_____

6. Est-ce que nous avons répondu à l'invitation? _____

_____

Part 19   Answer the following questions in the affirmative, using *y* or *en.*

1. Est-ce que tu vas à la plage en été? _____

2. Est-ce tu te promènes au bord de la mer? _____

3. Est-ce que tu écoutes plusieurs disques? _____

_____

4. Est-ce que tu attends tes amis devant le café? _____

_____

5. Est-ce que tu manges des huîtres? _____

6. Est-ce que tu dînes au restaurant? _____

7. Est-ce que tu prends du vin? _____

THE ANSWERS TO THIS SELF-TEST APPEAR ON PAGES 184–187.

118

13 Une île tropicale

Leçon

Vocabulaire

A. Choose the best completion for each sentence. Then circle the corresponding letter.

Dans une île tropicale

1. En hiver on porte des chemises à _____ longues.

   a. ananas   b. mouches   (c.) manches

2. Dans une île tropicale il y a beaucoup de _____.

   a. maisons en ciment   b. neige   (c.) palmiers

3. Nous sommes bien ici. Rien ne nous _____.

   (a.) dérange   b. arrange   c. entoure

4. Dans les _____ martiniquais on voit des fleurs exotiques.

   a. palmiers   (b.) jardins   c. plats

5. _____ est un fruit tropical.

   (a.) L'ananas   b. Le créole   c. La chemise

6. On ne déjeune pas dans le jardin aujourd'hui. Il y a trop de _____.

   a. manches   (b.) mouches   c. marches

Structure

B. Answer the questions in the affirmative, using the appropriate pronouns.

De temps en temps

1. Est-ce que nous t'écrivons de temps en temps? _Oui, vous m'écrivez de temps en temps._

2. Est-ce que vous me téléphonerez? _Oui, je vous téléphonerai._

3. Est-ce que tu m'attends? _Oui, je t'attends._

4. Est-ce qu'ils vous appellent? _Oui, ils m'appellent._

5. Est-ce qu'elles te regardent? _Oui, elles me regardent._

6. Est-ce que vous vous arrêtez? _Oui, je m'arrête._

C. Answer the questions in the affirmative. Substitute the appropriate pronoun for the underlined words in each question.

Je la comprends bien!

1. Comprends-tu la leçon? _Oui, je la comprends._
2. Fais-tu tes devoirs? _Oui, je les fais._
3. Attends-tu tes amis? _Oui, je les attends._
4. Écoutes-tu la radio? _Oui, je l'écoute._
5. Veux-tu jouer du piano? _Oui, je le veux._
6. Regardes-tu les oiseaux? _Oui, je les regarde._
7. Aimes-tu l'île tropicale? _Oui, je l'aime._

D. Rewrite the sentences, substituting the correct pronouns for the underlined words.

Jacques me le donne.

1. Il me vend sa voiture. _Il me la vend._
2. Il me montre le titre. _Il me le montre._
3. Hélène t'envoie la cassette. _Hélène te l'envoie._
4. Elle te donne ses disques. _Elle te les donne._
5. Le prof nous explique la leçon. _Le prof nous l'explique._
6. Il nous montre la carte. _Il nous la montre._
7. Le garçon vous sert le plat. _Le garçon nous le sert._
8. Jeannette vous décrit son jardin. _Jeannette vous le décrit._

E. Follow the model, using the verb indicated.

Tu as une carte postale. Qui *te l'a envoyée?* **envoyer**

1. Tu as une jolie chemise. Qui _te l'a achetée_ ? **acheter**
2. Tu as de beaux ananas. Qui _te les a donnés_ ? **donner**
3. Tu as de jolies fleurs. Qui _te les a envoyées_ ? **envoyer**
4. Tu as une nouvelle maison. Qui _te l'a vendue_ ? **vendre**
5. Vous avez un petit chat adorable. Qui _vous l'a donné_ ?

   donner
6. Vous avez un plat créole délicieux. Qui _vous l'a fait_ ?

   faire
7. Vous comprenez la démonstration. Qui _vous l'a expliquée_ ?

   expliquer

Un peu plus: Vocabulaire et culture_____

F. Look at each illustration and then write a sentence in French to describe the scene. Use the expression *venir de*.

Je viens d'écrire

1. *Marie-Claire vient de jouer du piano.*

2. *Christophe vient de se laver.*

3. *Les amis viennent d'arriver à la plage.*

4. *Françoise vient de manger.*

5. *M. Malherbe vient de partir.*

G. Read the following.

Étude de mots: prononciation

Vous avez vu beaucoup de mots où **ch** se prononce **sh: chercher, choisir, chute.** Il y'en a d'autres où **ch** se prononce **k**. Lisez les phrases suivantes.

1. Christophe veut devenir chef d'orchestre.
2. Ces plantes-là n'ont pas assez de chlorophylle.
3. Mettez-les en ordre chronologique, s'il vous plaît.
4. Est-ce que les œufs contiennent trop de cholestérol?
5. Christine va nettoyer les chromes de sa nouvelle voiture.
6. Quel chaos! Les choristes du chœur et de la chorale n'aiment pas les danses du chorégraphe!

7. Il est chroniquement malade.
8. Nous avons admiré les chrysanthèmes dans le jardin.
9. La christianisme est une religion mondiale.

Cherchez des renseignements sur l'origine de ces mots. Sont-ils d'origine latine ou grecque?

Ils sont d'origine grecque.

Pour s'amuser

H. Find your way through the maze in order to learn a good rule about outdoor eating.

Ne dînez pas dans le jardin quand il y a des mouches.

14 Téléviseur ou transistor?

Leçon

Vocabulaire

A. Complete the sentences by filling in each blank with an appropriate word.

La télévision en France

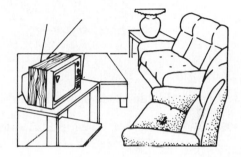

1. Le _____*poste*_____ de télévision se trouve dans le séjour.

2. Si tu veux savoir s'il fera beau demain, regarde la _____*météo*_____.

3. Combien de _____*chaînes*_____ de télévision est-ce qu'il y a en France?

4. Cette famille regarde un spectacle de _____*variétés*_____.

5. Le samedi matin, on peut voir les ___dessins___

animés.

6. En France, la ___publicité___

n'intervient qu'avant et après les émissions.

7. Quand on ne double (*dub*) pas la bande sonore d'un film

étranger, on utilise des ___sous - titres___ .

8. *Dallas* est un ___feuilleton___

assez populaire en France.

B. **Answer these questions about your TV viewing habits.**

À quelle sorte d'émission vous intéressez-vous?

1. Vous préférez les spectacles de variétés ou les films? ___Je préfère ——___ .

2. Vous regardez les informations tous les soirs en semaine? ___Oui, je les regarde (Non, je ne les regarde pas) tous les soirs.___

3. Vous aimez les feuilletons? ___Oui, je les aime. (Non, je ne les aime pas.)___

4. Est-ce que les dessins animés vous amusent? ___Oui, ils m'amusent. (Non, ils ne m'amusent pas.)___

5. Vous aimez la publicité? ___Non, je ne l'aime pas. (Oui, je l'aime.)___

124

Nom _____

Structure

C. **Complete the sentences by filling in each blank with the correct form of the verb indicated.**

On reconstruit la maison.

1. Les interprètes _traduisent_ les phrases d'une langue étrangère. **traduire**

2. Si vous voyez un motard sur l'autoroute, vous _conduisez_ lentement et prudemment! **conduire**

3. Le feu a _détruit_ cette maison; on va la _reconstruire_.
   détruire, reconstruire

4. Est-ce que vous _construisez_ une nouvelle maison? **construire**

D. **Answer the following questions in the affirmative.**

Comment conduis-tu?

1. Est-ce que tu traduisais tes leçons de latin? _Oui, je traduisais mes leçons de latin._

2. Est-ce qu'il reconstruira sa maison? _Oui, il la reconstruira._

3. Est-ce que le feu a détruit cet hôtel? _Oui, il l'a détruit._

4. Est-ce que l'île produit des fruits tropicaux? _Oui, elle produit des fruits tropicaux._

5. Est-ce que tu conduiras jusqu'à Lyon? _Oui, je conduirai jusqu'à Lyon._

6. Est-ce que le vent a détruit ces arbres? _Oui, le vent a détruit ces arbres._

7. Est-ce qu'elles ont déjà traduit cet article? _Oui, elles ont déjà traduit cet article._

E. **Complete the sentences, substituting *lui* or *leur* for the underlined phrase.**

Qui le lui a dit?

1. Est-ce que le prof a posé la question à Robert?

   Oui, il la _lui_ a posée.

2. Est-ce que Robert a donné la réponse correcte au prof?

   Oui, il la _lui_ a donnée.

3. Est-ce que vous avez recommandé ce restaurant <u>aux voyageurs?</u>

Oui, nous le _*leur*_ avons recommandé.

4. Est-ce que les garçons ont indiqué les spécialités <u>aux dîneurs?</u>

Oui, ils les _*leur*_ ont indiquées.

5. Est-ce que Marie a envoyé la carte postale <u>à Brigitte?</u>

Oui, elle la _*lui*_ a envoyée.

6. Est-ce que vous avez donné les renseignements <u>à vos amis?</u>

Non, nous ne les _*leur*_ avons pas donnés.

7. Est-ce qu'elles ont vendu les disques <u>aux élèves?</u>

Non, elles ne les _*leur*_ ont pas vendus.

F. **Rewrite the sentences, replacing each underlined phrase with the appropriate direct or indirect object pronoun.**

Je la leur donne.

1. Elle montre <u>le poste de télévision</u> <u>à François.</u> *Elle le lui montre.*
2. François donne <u>le transistor</u> <u>à ses copains.</u> *François le leur donne.*
3. La vendeuse montre <u>les disques</u> <u>aux jeunes filles.</u> *La vendeuse les leur montre.*
4. Sa mère donne <u>la robe</u> <u>à Brigitte.</u> *Sa mère la lui donne.*
5. Le prof explique <u>la leçon</u> <u>aux élèves.</u> *Le prof la leur explique.*
6. Thomas envoie <u>la carte postale</u> <u>à son père.</u> *Thomas la lui envoie.*
7. Le président explique <u>le programme</u> <u>aux ministres.</u> *Le président le leur explique.*
8. Le guide décrit <u>le décor du château</u> <u>aux touristes.</u> *Le guide le leur décrit.*
9. Suzette écrit <u>la lettre</u> <u>à sa mère.</u> *Suzette la lui écrit.*

G. **Rewrite the sentences in Exercise F in the negative.**

Je ne la leur donne pas.

1. *Elle ne le lui montre pas.*
2. *François ne le leur donne pas.*
3. *La vendeuse ne les leur montre pas.*
4. *Sa mère ne la lui donne pas.*
5. *Le prof ne la leur explique pas.*
6. *Thomas ne la lui envoie pas.*
7. *Le président ne le leur explique pas.*
8. *Le guide ne le leur décrit pas.*
9. *Suzette ne la lui écrit pas.*

H. Complete the conversations by filling in each blank with the correct pronoun or verbal form.

As-tu donné les fleurs à Denise?

1. —Marie, est-ce que tu as donné les disques à Paulette?

   —Mais non, Claude, je ne _**les**_ _**lui**_ ai pas _**données**_.

2. —Sylvie, est-ce que tu as envoyé le transistor à ton frère?

   —Oui, je _**le**_ _**lui**_ ai _**envoyé**_ hier.

3. —Richard, est-ce que tu as donné les fleurs à ta grand-mère?

   —Certainement, je _**les**_ _**lui**_ ai _**données**_.

4. —Pierre, est-ce que tu as montré les photos de Picardie à Jeanne?

   —Zut! J'ai oublié de _**les**_ _**lui**_ _**montrer**_.

5. —Est-ce que l'acteur a indiqué la scène aux touristes?

   —Il ne _**la**_ _**leur**_ a pas _**indiqué**_

6. —Est-ce que Mme Leclerc a vendu cette cassette à Michel?

   —Bien sûr, elle _**la**_ _**lui**_ a _**vendue**_ la semaine dernière.

I. Answer the following questions. Use a negative command and two pronouns (direct object and indirect object) in each answer.

Ne la leur donnez pas!

1. Est-ce que je peux montrer la lettre à Charles? _**Ne la lui montre pas!**_

2. Est-ce que nous pouvons offrir ces livres à Sylvie? _**Ne les lui offrez pas!**_

3. Est-ce que nous pouvons vendre la guitare aux garçons? _**Ne la leur vendez pas!**_

4. Est-ce que je dois lire ce livre à ma petite sœur? _**Ne le lui lis pas!**_

5. Est-ce que je donne les disques à mes amis? _**Ne les leur donne pas!**_

6. Est-ce que nous devons donner les renseignements à Paul? _**Ne les lui donnez pas!**_

Un peu plus: Vocabulaire et culture

J. Read the following selection about France's fourth TV channel.

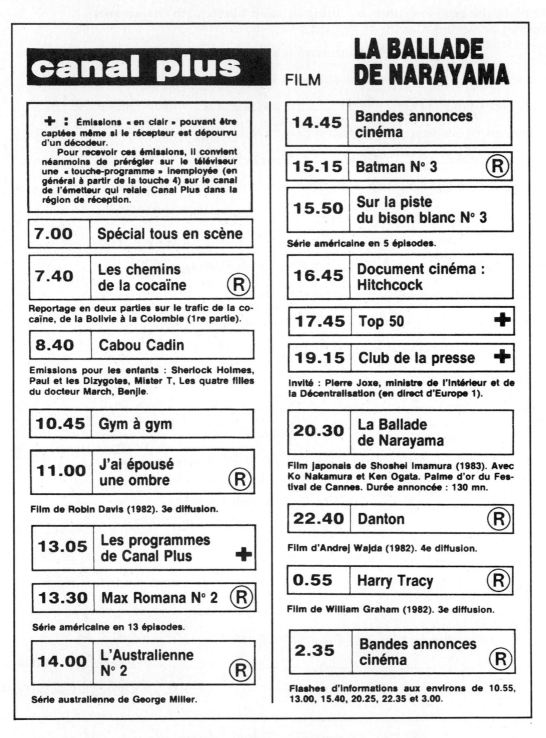

| **canal plus** | | FILM | **LA BALLADE DE NARAYAMA** |

+ : Émissions « en clair » pouvant être captées même si le récepteur est dépourvu d'un décodeur.
Pour recevoir ces émissions, il convient néanmoins de prérégler sur le téléviseur une « touche-programme » inemployée (en général à partir de la touche 4) sur le canal de l'émetteur qui relaie Canal Plus dans la région de réception.

7.00	Spécial tous en scène
7.40	Les chemins de la cocaïne ®

Reportage en deux parties sur le trafic de la cocaïne, de la Bolivie à la Colombie (1re partie).

8.40	Cabou Cadin

Emissions pour les enfants : Sherlock Holmes, Paul et les Dizygotes, Mister T, Les quatre filles du docteur March, Benjie.

10.45	Gym à gym
11.00	J'ai épousé une ombre ®

Film de Robin Davis (1982). 3e diffusion.

13.05	Les programmes de Canal Plus +
13.30	Max Romana N° 2 ®

Série américaine en 13 épisodes.

14.00	L'Australienne N° 2 ®

Série australienne de George Miller.

14.45	Bandes annonces cinéma
15.15	Batman N° 3 ®
15.50	Sur la piste du bison blanc N° 3

Série américaine en 5 épisodes.

16.45	Document cinéma : Hitchcock
17.45	Top 50 +
19.15	Club de la presse +

Invité : Pierre Joxe, ministre de l'Intérieur et de la Décentralisation (en direct d'Europe 1).

20.30	La Ballade de Narayama

Film japonais de Shoshei Imamura (1983). Avec Ko Nakamura et Ken Ogata. Palme d'or du Festival de Cannes. Durée annoncée : 130 mn.

22.40	Danton ®

Film d'Andrej Wajda (1982). 4e diffusion.

0.55	Harry Tracy ®

Film de William Graham (1982). 3e diffusion.

2.35	Bandes annonces cinéma ®

Flashes d'informations aux environs de 10.55, 13.00, 15.40, 20.25, 22.35 et 3.00.

Une quatrième chaîne!

Vous avez lu qu'il y a trois chaînes à la télé en France: ce sont Télévision Française 1 (la une), Antenne 2 (la deux) et France Régions 3 (la trois). Depuis l'automne 1984 il y a une quatrième chaîne, «Canal Plus».

Sur Canal Plus il y a environ six heures d'émissions par jour. On propose la programmation suivante: au moins un film par jour, des pièces, des concerts, des jeux et des émissions pour enfants.

La quatrième chaîne fonctionne par abonnement*. Le téléspectateur doit payer 120F par mois pour recevoir les émissions de la chaîne. On peut voir beaucoup de films récents: entre 300 et 360 par an, si on regarde la nouvelle chaîne chaque jour! La quatrième chaîne a étendu* les limites de choix du téléspectateur français.

K. **Answer the following questions about the TV channels in France.**

Canal Plus

1. Depuis quand la quatrième chaîne existe-t-elle? _Elle existe depuis l'automne 1984._

2. Comment s'appelle la quatrième chaîne? _Elle s'appelle Canal Plus._

3. Quelles sortes d'émissions y sont proposées? _On propose des films, des pièces, des concerts, des jeux et des émissions pour enfants._

4. Combien le téléspectateur doit-il payer par mois s'il veut recevoir les émissions de Canal Plus? _Il doit payer 120F par mois._

5. Est-ce que l'inauguration de la quatrième chaîne a étendu les limites de choix du téléspectateur français? _Oui, l'inauguration de Canal Plus a étendu les limites de choix du téléspectateur français._

Pour s'amuser

L. **Fill in the missing letter in each word. Then unscramble these letters to reveal what all of these words have in common.**

1. LES DESS_I_NS ANIM_É_S

2. LES RENSE_I_GNEMENTS MÉT_É_O

3. UN SPECTAC_L_E DE _V_ARIÉTÉS

4. LES CHAÎ_N_ES

5. LE FEUILLET_O_N

6. LES INFORMA_T_IONS

7. LES SOU_S_-TITRES

_T E L E V I S I O N_

---

*__abonnement__ *subscription*   *__a étendu__ *has expanded*

Nom _____

15 LE SYSTÈME SCOLAIRE

Leçon **15**

Vocabulaire

A. Choose the best completion for each sentence. Then circle the corresponding letter.

On fait ses études.

1. Marc a huit ans. Il va à l'école _____.

   a. secondaire   (b.) élémentaire   c. baccalauréat

2. Harvard, Stanford, Yale: ce sont des _____ aux États-Unis.

   a. maîtres   (b.) universités   c. lycées

3. Un professeur _____ dans une école secondaire.

   (a.) enseigne   b. passe   c. échoue

4. Quand vous finirez vos études secondaires, vous recevrez un _____.

   a. examen   (b.) diplôme   c. collège

5. Un lycée est une école _____.

   a. professionnelle   b. primaire   (c.) secondaire

6. Nicole fait ses _____ à l'Université de Paris.

   a. diplômes   (b.) études   c. universités

B. Look at each illustration and then write a sentence in French to describe the scene.

L'enseignement

1. _Le maître d'école enseigne dans une école primaire._

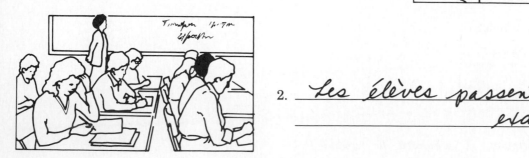

2. _Les élèves passent un examen._

130

3. Jean-Luc a échoué à l'examen.

4. Après le bac, les élèves vont à l'université.

Structure

C. Follow the model, using affirmative commands.

Nous voulons ces livres.
Donne-les-nous, s'il te plaît.

1. Nous voulons le couscous. Donne-le-nous, s'il te plaît.

2. Ils veulent les nouvelles chemises. Donne-les-leur, s'il te plaît.

3. Je voudrais la spécialité du jour. Donne-la-moi, s'il te plaît.

4. Nous voulons la cassette de Richard. Donne-la-nous, s'il te plaît.

5. Elles veulent le journal. Donne-le-leur, s'il te plaît.

6. Nous voulons les assiettes. Donne-les-nous, s'il te plaît.

7. Il veut la bicyclette de papa. Donne-la-lui, s'il te plaît.

8. Je veux ce joli bracelet. Donne-le-moi, s'il te plaît.

9. Elle veut les livres. Donne-les-lui, s'il te plaît.

D. Follow the model, using affirmative commands.

Tu n'as pas donné la réponse au prof?
Donne-la-lui.

1. Tu n'as pas indiqué la route à Georges? _Indique-la-lui._
2. Tu n'as pas montré les chemises à ta mère? _Montre-les-lui._
3. Tu n'as pas expliqué le livre à tes amis? _Explique-le-leur._
4. Tu n'as pas envoyé la carte à ton grand-père? _Envoie-la-lui._
5. Tu n'as pas donné les disques à Paul? _Donne-les-lui._
6. Tu n'as pas donné les cadeaux aux enfants? _Donne-les-leur._
7. Tu n'as pas donné les renseignements aux visiteurs? _Donne-les-leur._

E. Complete the paragraph about a vacation in Italy by filling in each blank with the correct form of the conditional tense of the verb indicated.

Je voyagerais en Italie.

Si j'avais du temps libre, je _voyagerais_ (voyager) en Italie. Dans ce cas-là, je ne _prendrais_ (prendre) pas l'avion. Comme je veux voir les villes pittoresques en route, je _conduirais_ (conduire). Mes amis _aimeraient_ (aimer) m'accompagner, mais ils n'ont pas assez d'argent. Si nous étions riches, nous _passerions_ (passer) deux semaines de vacances à Venise!

F. Answer these questions about yourself.

Je serais plus indépendant.

Si tu étais plus âgé(e)...

1. Tu aurais ton permis de conduire? _Oui, j'aurais mon permis de conduire._
2. Tu ferais beaucoup d'excursions? _Oui, je ferais beaucoup d'excursions._
3. Tu irais à l'université? _Oui, j'irais à l'université._
4. Tu achèterais un nouveau transistor? _Oui, j'achèterais un nouveau transistor._
5. Tu serais plus indépendant? _Oui, je serais plus indépendant(e)._
6. Tu voyagerais en France? _Oui, je voyagerais en France._
7. Tu travaillerais? _Oui, je travaillerais._

132

Nom _____

8. Tu gagnerais beaucoup d'argent? *Oui, je gagnerais beaucoup d'argent.*

9. Tu passerais tes vacances en Europe? *Oui, je passerais mes vacances en Europe.*

10. Tu habiterais un appartement? *Oui, j'habiterais un appartement.*

G. **Complete the discussion of weekend plans by filling in each blank with the correct form of the conditional tense of the verb indicated.**

Ce week-end

1. Jacqueline a dit qu'elle _*irait*_ à la plage ce week-end. **aller**

2. Marc et Michel ont dit qu'ils _*prendraient*_ la voiture. **prendre**

3. Henriette a dit qu'elle _*ferait*_ les courses samedi matin. **faire**

4. Georges a dit qu'il _*aiderait*_ son père. **aider**

5. J'ai dit que je _*resterais*_ chez moi. **rester**

6. Vous avez dit que vous _*voudriez*_ écouter une bonne chanteuse samedi soir. **vouloir**

7. Nos amis ont dit qu'ils _*regarderaient*_ leur feuilleton favori à la télé. **regarder**

H. **Rewrite the following sentences in the past. Follow the model, using the conditional.**

Qu'est-ce qu'on a dit?

Il dit qu'il prendra un coca.
Il a dit qu'il prendrait un coca.

1. Marcel dit qu'il ratera son examen. *Marcel a dit qu'il raterait son examen.*

2. Marie dit qu'elle nous attendra à l'arrêt d'autobus. *Marie a dit qu'elle nous attendrait à l'arrêt d'autobus.*

3. Nos amis disent qu'ils finiront à sept heures. *Nos amis ont dit qu'ils finiraient à sept heures.*

4. Je dis que j'achèterai une nouvelle chemise. *J'ai dit que j'achèterais une nouvelle chemise.*

5. Vous dites que vous mangerez des huîtres. *Vous avez dit que vous mangeriez des huîtres.*

6. Tu dis que tu resteras chez toi. _Tu as dit que tu resterais chez toi._

7. Les garçons disent qu'ils ne prendront pas le métro. _Les garçons ont dit qu'ils ne prendraient pas le métro._

Un peu plus: Vocabulaire et culture

I.   Read the following passage about computers in French schools.

Les micro-ordinateurs

le curseur

l'écran

la disquette

le clavier

une touche

le lecteur de disquettes

l'imprimante

Les élèves français apprennent-ils à employer les ordinateurs? Y a-t-il des micro-ordinateurs dans les lycées français? Eh bien, la réponse est oui. Dix mille micros sont déjà installés dans les lycées et le gouvernement est en train d'en• installer 100.000 de plus. L'EAO (Enseignement assisté par ordinateur) devient de plus en plus commun. On développe du logiciel•, on enseigne les langages de programmation comme le Basic et le Logo, on cherche des applications pratiques. Selon un professeur de mathématiques, «Pour les élèves, l'informatique• est un jeu. Elle brise le train-train• des cours. Un fait est certain: les élèves adorent manipuler l'ordinateur.» Un autre fait certain: comme aux États-Unis, l'ordinateur n'est pas tout de même près de remplacer le professeur!

J.   Answer these questions about your experience with computers.

Aimez-vous les ordinateurs?

1. Est-ce que votre école a des micro-ordinateurs? _Oui, mon école a des (Non, mon école n'a pas de) micro-ordinateurs._

2. Avez-vous manipulé un micro-ordinateur? _Oui, j'ai manipulé un micro-ordinateur._

•**en train de**   *in the process of*   •**logiciel**   *software*   •**l'informatique**   *data processing*   •**brise le train-train**   *breaks up the routine*

3. Est-ce que la pratique sur l'ordinateur est obligatoire dans certaines classes? _____ _____

    _____ *(answers will vary.)* _____

4. Quelles sortes de logiciel est-ce qu'il y a: des tutoriels (*drill-and-practice*) ou des simulations? ____

    _____ *(Answers will vary.)* _____

5. Que pensez-vous des ordinateurs? Les aimez-vous? Voudriez-vous en avoir un? _____

    _____ *(answers will vary.)* _____

    _____

Pour s'amuser

K. In the following crucigram, there are twenty French words relating to
school. Circle each word you find. The words can go from the top down,
from left to right, or diagonally from left to right.

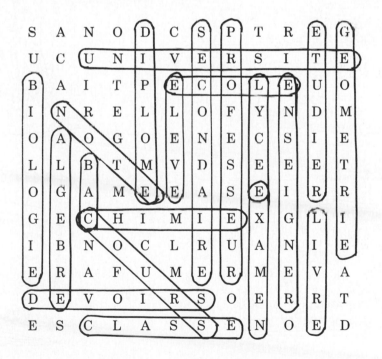

Nom _____

16 À la banque

Leçon **16**

Vocabulaire

A. Identify the objects in each picture.

À la caisse

1. _la calculatrice_

4. _la pièce de cinq francs_

2. _le chèque_

5. _la caisse_

3. _le billet de cent francs_

6. _le compte d'épargne_

B. Look at the illustration and then answer the questions.

On va à la banque.

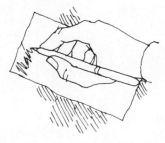

1. Que fait Henri? _Il endosse un chèque._

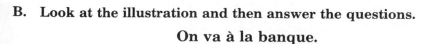

136

2. Que fait Monsieur Grosjean? *Il touche un chèque.*

3. Que fait Martine à la banque? *Elle fait un dépôt.*

4. Que fait Suzanne? *Elle signe un chèque de voyage.*

C. **Complete the sentences by filling in each blank with an appropriate word.**

Les fonds

1. Avant de toucher un chèque, il faut l'*endosser*.

2. On fait un dépôt à la caisse d'*épargne*.

3. L'argent qu'on gagne dans un compte d'épargne dépend du *taux* d'intérêt.

4. Si on doit mettre des pièces dans le parcmètre, on a besoin de *monnaie*.

5. L'argent que les parents donnent aux jeunes s'appelle la *semaine*.

D. **Answer the following questions.**

À la banque

1. Annette voudrait faire un long voyage, mais elle ne veut pas emporter avec elle beaucoup d'argent liquide. De quoi a-t-elle besoin?

Elle a besoin de chèques de voyage.

2. Paul demande à l'employé de banque: «Quel est le cours du dollar?» Il lui répond, «Huit francs pour un dollar.» Combien de francs recevrait-il s'il donnait au caissier cent cinquante dollars?

Il recevrait douze cents francs.

3. Arlette a épargné son argent. Maintenant elle voudrait acheter un nouveau transistor pour son frère comme cadeau de Noël. Elle va à la banque. Qu'est-ce qu'elle va faire?

Elle va retirer de l'argent.

Structure

E. Answer the following questions in the affirmative, replacing the underlined phrases with the proper pronoun.

Ils vont nous la donner.

1. Est-ce que tu vas recevoir ta semaine aujourd'hui? _Oui, je vais la recevoir._

2. Est-ce que tu vas acheter le disque? _Oui, je vais l'acheter._

3. Est-ce que tu vas écouter le disque? _Oui, je vais l'écouter._

4. Est-ce que tu vas téléphoner aux copains? _Oui, je vais leur téléphoner._

5. Est-ce qu'ils vont nous indiquer la route? _Oui, ils vont nous l'indiquer._

6. Est-ce qu'on va nous donner la carte des vins? _Oui, on va nous la donner._

7. Est-ce qu'elles vont vous donner les renseignements? _Oui, elles vont nous les donner._

F. Answer the following questions in the negative, replacing the underlined phrases with the proper pronouns.

Ils ne vont pas nous la donner.

1. Il va envoyer le livre à Michel? _Non, il ne va pas le lui envoyer._

2. Elle va offrir le crayon à sa copine? _Non, elle ne va pas le lui offrir._

3. Nous allons présenter nos amis à Brigitte? _Non, nous n'allons pas les lui présenter._

4. On va donner leur semaine aux garçons? _Non, on ne va pas la leur donner._

5. Vous allez montrez la caisse aux filles? _Non, nous n'allons pas la leur montrer._

6. Elles vont indiquer la place aux touristes? _Non, elles ne vont pas la leur indiquer._

138

G. Complete the discussion of a trip to France by filling in each blank with the correct form of the verb indicated.

Un voyage en France

1. Si je fais un voyage en France, je _pourrai_ aller à Versailles. **pouvoir**

2. Si nous allons en France, nous _voyagerons_ en Bretagne. **voyager**

3. Si Jeannette nous accompagne, elle _préférera_ prendre l'avion. **préférer**

4. Si nos parents nous donnent l'argent, nous _resterons_ en France deux mois en été. **rester**

5. Si ma sœur vient avec nous, elle _aura_ envie de voir le Mont-Saint-Michel. **avoir**

6. Mais si Marie n'a pas assez d'argent, nous n' _irons_ pas en France. **aller**

H. Complete the sentences by filling in each blank with the correct form of the verb indicated.

Si j'avais de l'argent...

1. Marie voit un joli chemisier dans le magasin. Si elle _avait_ de l'argent, elle l'achèterait. **avoir**

2. Paul a dépensé sa semaine. Il a vu un disque dans le magasin. S'il avait de l'argent, il _achèterait_ le disque. **acheter**

3. Robert gare sa voiture devant le musée. Il doit donc mettre une pièce dans le parcmètre. Mais il n'a qu'un chèque de voyage. S'il était près d'une banque, il _toucherait_ le chèque. **toucher**

4. Richard a reçu de l'argent pour son anniversaire. Il pense, «Si j'ouvre un compte d'épargne, et si le taux d'intérêt monte, j' _aurai_ beaucoup d'argent l'année prochaine!» **avoir**

5. Annette est arrivée au lycée sans calculatrice. Le prof de maths lui pose une question. Si elle avait sa calculatrice, elle lui _répondrait_ correctement. **répondre**

I. Answer the following questions with an affirmative command. Use _en_ and one other pronoun in each answer.

Envoyez-lui-en!

1. J'envoie des cartes postales à René? _Oui, envoie-lui-en!_

   _____

2. Je donne des livres aux enfants? _Oui, donne-leur-en!_

   _____

3. J'offre du thé à Maurice? _Oui, offre-lui-en!_

4. Je te sers de la salade? _Oui, sers-m'en!_

5. On montre des photos à Jeanne? _Oui, montrons-lui-en!_

6. On offre des livres aux filles? _Oui, offrons-leur-en!_

7. On sert des gâteaux aux invités? _Oui, servons-leur-en!_

J. **Rewrite the answers to Exercise I in the negative.**

Ne lui en envoyez pas!

1. _Non, ne lui en envoie pas!_
2. _Non, ne leur en donne pas!_
3. _Non, ne lui en offre pas!_
4. _Non, ne m'en sers pas!_
5. _Non, ne lui en montrons pas!_
6. _Non, ne leur en offrons pas!_
7. _Non, ne leur en servons pas!_

Un peu plus: Vocabulaire et culture

K. **Read the following financial terms; many of them are cognates.**

Étude de mots

l'économie

la haute finance

les fonds

une compagnie (une société enregistrée)

le président-directeur général (le PDG)

l'investissement (m.)

un(e) millionnaire (riche à millions)

la Bourse (*Stock Exchange*)

les valeurs de bourse (*stocks*)

l'hypothèque (f.) (*mortgage*)

un prêt garanti (*secured loan*)

L. Look at this excerpt from the financial section of a French newspaper. How many words do you know?

REPÈRES

Dollar : léger recul : 9,71 F

Sur des marchés des changes extrêmement calmes, le dollar a légèrement fléchi lundi 21 janvier, revenant un peu au-dessous de 3,17 DM et à 9,7140 F à Paris. Les milieux financiers internationaux observent la plus grande prudence après l'avertissement lancé, jeudi dernier, par les ministres des finances du groupe des Cinq, prêts à intervenir « autant que nécessaire » pour freiner la hausse du dollar.

Construction électrique et électronique : excédents records pour la France

Les excédents commerciaux des industries électrique et électronique françaises ont atteint 10 milliards de francs en 1984. Un chiffre rcord. La balance commerciale du secteur a été excédentaire, pour la première fois, vis-à-vis des Etats-Unis, du Japon, de la RFA, de l'Italie et de la Grande-Bretagne. Les ventes outre-Atlantique, profitant du cours du dollar, se sont accrues de 53 %.

Grundig va supprimer 5 000 à 7 000 emplois en Allemagne

La firme d'électronique ouest-allemande Grundig souhaite supprimer sept mille emplois, dont deux mille en RFA. Ces chiffres ont été annoncés par M. Jauman, ministre bavarois de l'économie, le vendredi 18 janvier. Grundig a, pour sa part, évoqué le chiffre de cinq mille. Grundig, « numéro un » de l'électronique grand public (téléviseurs, magnétoscopes...), emploie vingt-quatre mille personnes. La société, contrôlée par Philips, a perdu 860 millions de francs lors de son dernier exercice clos le 31 mars 1984. Ces suppressions l'emplois illustrent les difficultés de l'industrie européenne de ce secteur face aux Japonais.

Pour s'amuser

M. Unscramble each of the following groups of letters to form words. Then unscramble the circled letters to reveal what all of the words have in common.

1. E Q H E C U   C H E (Q) U E
2. A C F N R   F R A (N) C
3. S A E I C S   C A I S S (E)
4. L T I B E L   (B) I L L E T
5. G N A T R E   (A) R G E N T
6. E O T H R U C   T O (U) C H E R

B A N Q U E

SELF-TEST AFTER LEÇON 16

Part 1 Complete the sentences by filling in each blank with an
appropriate word.

1. Quand il fait chaud, ce garçon porte une chemise à _____ courtes.

2. Ces élèves _____ de sortir de chez eux.

3. Le _____ est un arbre tropical.

4. Est-ce que vous avez vu les fleurs dans le _____?

5. Est-ce que les mouches vous _____?

Part 2 Complete the sentences by filling in each blank with an
appropriate word.

1. Est-ce qu'il y a un _____ de télévision dans le _____?

2. Quelle sorte d'_____ préférez-vous quand vous regardez la télé?

3. Si vous voulez être au courant, vous regardez les _____.

4. Si vous vous demandez s'il fera froid demain, vous regardez la _____.

5. Si vous êtes très petit, vous préférez les _____ _____

    à la télé.

Part 3 Match each term in column B with a term in column A. Then write
the corresponding letter in the blank.

A	B
1. _____ une personne qui enseigne dans une école primaire	a. passer un examen
2. _____ une personne qui enseigne dans une école secondaire	b. une maîtresse d'école
3. _____ les lycéens étudient avant de...	c. échouer à un examen
4. _____ avoir de bonnes notes	d. réussir à un examen
5. _____ avoir de mauvaises notes	e. un professeur

Part 4 Identify the object in each illustration.

1. _____   2. _____

3. _____

4. _____

5. _____

Part 5   **Answer the following questions in the affirmative, substituting the correct pronoun for the underlined words.**

1. Avez-vous acheté la viande? _____

2. Avez-vous monté les bagages? _____

3. Avez-vous admiré les fleurs? _____

4. Avez-vous envoyé la carte postale? _____

5. Avez-vous choisi les cadeaux? _____

Part 6   **Answer the following questions in the negative, substituting the correct pronoun for the underlined words.**

1. Est-ce que tu me donnes le livre? _____

_____

2. Est-ce que vous nous montrez le jardin? _____

_____

3. Est-ce qu'ils nous envoient les cartes? _____

_____

4. Est-ce que tu m'apportes les plats créoles? _____

_____

5. Est-ce que le prof vous montre la carte? _____

_____

Part 7   **Read each sentence. Then make up an appropriate sentence, using _venir de_ and the verb indicated.**

1. Paul n'est pas ici. (sortir) _____

2. J'ai pris un plat créole délicieux. (manger) _____

3. Les filles entrent dans la maison. (arriver) _____

4. Elle dort. (se coucher) _____

Part 8   Complete the sentences by filling in each blank with the correct form of the verb indicated.

1. Martine a _____ trois articles en français! **traduire**

2. «Attention, Martine. Ton chien _____ ton livre!» **détruire**

3. «Zut! Il a _____ aussi une de mes traductions. **détruire**

4. Je dois _____ l'article de nouveau.» **traduire**

5. «Il est temps de partir maintenant. Comme je suis fatigué.»

   «Ce n'est rien. Moi, je _____.» **conduire**

Part 9   Rewrite the following sentences, substituting the correct pronouns for the underlined words.

1. Je donne les disques à Henri. _____

2. Je présente mon ami à mon père. _____

3. Tu as expliqué la pièce aux autres élèves. _____

4. Vous n'avez pas indiqué la route aux voyageurs. _____

   _____

5. Ne donne pas la salade à Michel! _____

6. Nous vendons les disques aux garçons. _____

7. Ne montre pas cette cassette à Jeanne! _____

8. Il n'a pas décrit l'île aux touristes. _____

Part 10   Write affirmative commands, substituting the proper pronouns for the underlined words.

1. Donne le livre à mon père. _____

2. Indique-moi la scène. _____

3. Explique-nous les panneaux. _____

4. Donne la photo à Lisette et Henri. _____

5. Donne-moi les disques. _____

Part 11   Complete the sentences by filling in each blank with the correct form of the conditional tense of the verb indicated.

1. S'ils avaient de l'argent, ils _____ à Cannes. **aller**

2. Dans ce cas-là, ils _____ le train. **prendre**

3. Je _____ le voyage avec eux, mais je n'ai pas de temps libre. **faire**

4. Suzette a dit qu'elle les _____. **accompagner**

5. Tu _____ demander à ton père si tu voulais les accompagner. **pouvoir**

144

6. Nous _____ recevoir de bonnes notes si nous voulons passer nos vacances à Cannes. **devoir**

7. Si vous aviez du temps libre, _____-vous faire une petite excursion? **vouloir**

Part 12 **Rewrite the following sentences, substituting the correct pronouns for the underlined words.**

1. Je vais donner l'argent à mon frère. _____

2. Tu vas m'expliquer ce film. _____

3. Je voudrais vous indiquer la route. _____

4. Il vient de parler de cette banque. _____

5. Claudette veut aller au parc. _____

6. Je viens de sortir de cette maison. _____

7. Il ne veut pas parler de ce projet. _____

8. Henri ne veut pas aller à Lyon en voiture. _____

Part 13 **Complete the sentences by filling in each blank with the correct form of the imperfect or the conditional tense of the verb indicated.**

1. S'il _____ à la plage, il nous _____. **aller, téléphoner**

2. Si j'_____ chez moi à midi, j'_____ ma mère. **être, aider**

3. Si nous _____ de l'argent, nous _____ au cinéma ce soir. **avoir, aller**

4. Si vous nous _____ la route, nous _____ avant dix-huit heures. **indiquer, arriver**

5. S'ils _____ près d'une banque, ils _____ un chèque. **être, toucher**

Part 14 **Write affirmative commands, using the verb _donner_ and the correct pronouns.**

1. Tu veux de la salade? _____

2. Tu veux du lait? _____

3. Tu veux de la viande? _____

4. Tu veux du pain? _____

THE ANSWERS TO THIS SELF-TEST APPEAR ON PAGES 187–188.

Leçon **17** **Haïti**

Vocabulaire

A. Choose the correct completion in column B for each phrase in column A. Then write the corresponding letter in the blank.

En Haïti

A	B
1. En Haïti il y a beaucoup de ___d___ .	a. pressé
2. Un choucoune a un toit en ___g___ .	b. plâtre
3. Si vous avez beaucoup de temps, vous n'êtes pas ___a___ .	c. d'âne
4. Au marché, on vend des fruits ___f___ .	d. choucounes
5. Cette femme porte un panier sur ___e___ .	e. la tête
6. Le choucoune a les murs en ___b___ .	f. devant un étal
7. Il ne prend pas l'autobus; il est monté à dos ___c___ .	g. chaume

Structure

B. Complete the sentences by filling in each blank with the correct form of the verb *parler.*

Il est impossible!

1. Il faut que vous _____parliez_____ au prof.

2. Il n'est pas nécessaire que nous _____parlions_____ à Jean-Claude.

3. Il vaut mieux qu'il _____parle_____ à Félix.

4. Il est impossible qu'ils en _____parlent_____ .

5. Il est important que je _____parle_____ au directeur.

6. Il faut que tu _____parles_____ à Robert.

146

C. **Follow the model.**

Il est important de partir à l'heure.
Il est important que vous partiez à l'heure.

1. Il est impossible de finir à midi. _Il est impossible que nous finissiez à midi._

2. Il vaut mieux attendre Jacqueline. _Il vaut mieux que vous attendiez Jacqueline._

3. Il faut arriver à huit heures. _Il faut que vous arriviez à huit heures._

4. Il vaut mieux rendre visite à nos cousins. _Il vaut mieux que nous rendiez visite à nos cousins._

5. Il est important de parler correctement. _Il est important que nous parliez correctement._

D. **Answer the following questions, using the subjunctive.**

Il est important!

1. Il faut que tu dormes jusqu'à sept heures? _Oui, il faut que je dorme jusqu'à sept heures._

2. Il faut que tu parles à huit heures moins le quart? _Oui, il faut que je parte à huit heures moins le quart._

3. Il faut que tu lises ce journal? _Oui, il faut que je lise ce journal._

4. Il vaut mieux que nous sortions ensemble? _Oui, il vaut mieux que vous sortiez ensemble._

5. Il vaut mieux qu'elles servent des fruits? _Oui, il vaut mieux qu'elles servent des fruits._

6. Il faut que nous écrivions beaucoup de lettres? _Oui, il faut que vous écriviez beaucoup de lettres._

7. Il faut que nous portions les paniers? _Oui, il faut que vous portiez des paniers._

8. Il est important que vous finissiez votre travail? _Oui, il est important que nous finissions notre travail._

E. Complete the conversation between Jean-Baptiste and Félix. Fill in each blank with the correct form of the subjunctive of the verb indicated.

Jean-Baptiste et Félix se parlent.

—Jean-Baptiste, comment vas-tu?

—Ah, bonjour, Félix. Qu'est-ce qui se passe? Il faut que tu _travailles_ (travailler) aujourd'hui?

—Bien sûr, mon vieux. Mais qu'est-ce que tu fais?

—J'attends le tap-tap pour descendre à Port-au-Prince.

—Mais il est possible qu'il ne _parte_ (partir) pas avant huit heures. Il vaut mieux que tu _descendes_ (descendre) à pied.

—Mais je suis déjà en retard!

—Il est impossible que tu _attendes_ (attendre) plus longtemps! Viens avec moi, je t'accompagne en voiture!

Un peu plus: Vocabulaire et culture

F. You have read that in Haiti both French and Creole are spoken. Creole is a distinctly separate language, but it is related to French. Some words are direct borrowings from French. How are the following spelled in French?

1. gato _gâteau_
2. klé _clé_
3. mouch _mouche_
4. chémiz _chemise_
5. kréyon _crayon_
6. solèy _soleil_
7. péyé _payer_
8. manjé _manger_
9. achté _acheter_
10. alé _aller_
11. sòti _sortir_
12. dòmi _dormir_

Some borrowed words retain the definite article *l'* as a part of the word. What are the following words in French?

13. légliz _église_
14. lékòl _école_
15. lajan _argent_

Repeat the numbers in Creole from one to ten.

gnoun _un_
dé _deux_
toua _trois_
kat _quatre_
sink _cinq_
sis _six_
sèt _sept_
uit _huit_
nèf _neuf_
dis _dix_

Pour s'amuser

G. **Each of the 24 blank squares in this puzzle is to be filled in with a
    different letter of the alphabet in order to complete a French word. You
    will find it helpful to write out the alphabet and cross off each letter as
    you use it. Only the letter w is omitted.**

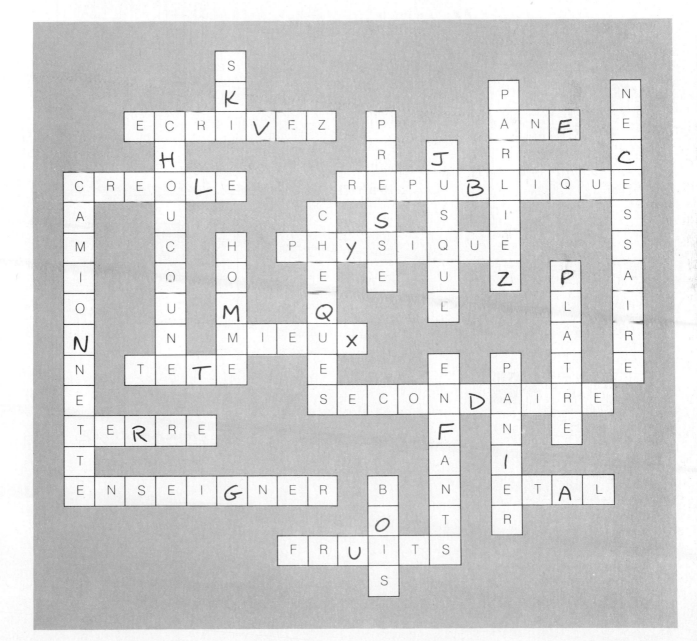

18 LE TÉLÉPHONE

Leçon 18

Vocabulaire

A. Look at the illustration and then answer the question.

Dans la cabine

1. Où est Jean-Jacques? *Il est dans la cabine téléphonique.*

2. Où cherche-t-il le numéro? *Il cherche le numéro dans l'annuaire.*

3. Où met-il la pièce? *Il met la pièce dans la fente.*

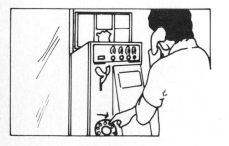

4. Qu'est-ce qu'il fait? *Il compose le numéro.*

5. Qui répond au téléphone? *Simone répond au téléphone.*

Simone

150

B. Choose the best completion for each sentence. Then circle the corresponding letter.

1. Avant de composer le numéro, on doit attendre la _____.

    a. fente   b. standardiste   (c.) tonalité

2. Mon téléphone n'a pas de touches; il a un _____.

    (a.) cadran   b. récepteur   c. standard

3. Pour faire un appel international, il est souvent nécesaire de parler avec _____.

    (a.) l'opératrice   b. la fente   c. la sonnerie

4. Henri entre dans la cabine et il _____ l'appareil.

    a. compose   (b.) décroche   c. attend

5. Ma mère travaille chez Pierre Briand et Fils. Elle est _____.

    a. interlocutrice   (b.) standardiste   c. téléphonique

6. Dominique répond au téléphone après deux _____.

    a. tonalités   b. récepteurs   (c.) sonneries

C. Georges is having difficulty making a telephone call. Advise him in French to:

1. Put a 25-cent coin in the slot. _Mets une pièce de vingt-cinq "cents" dans la fente._

2. Wait for the dial tone. _Attends la tonalité._

3. Dial the number. _Compose le numéro._

Structure

D. Rewrite the following sentences, using *Il faut que* at the beginning of each.

Le jour du match

1. Tu es en forme pour le match de foot. _Il faut que tu sois en forme pour le match de foot._

2. Il fait beau le jour du match. _Il faut qu'il fasse beau le jour du match._

3. Nous faisons des efforts pour gagner le match. _Il faut que nous fassions des efforts pour gagner le match._

4. Nous allons ensemble au match. _Il faut que nous allions ensemble au match._

5. Nous avons assez d'argent pour les billets. _Il faut que nous ayons assez d'argent pour les billets._

6. Je vais chez moi après le match. _Il faut que j'aille chez moi après le match._

E. Complete the sentences by filling in each blank with the correct form of the subjunctive of the verb indicated.

À sept heures

1. Il faut que je _fasse_ mes devoirs avant sept heures. **faire**
2. À sept heures, il faut que j'_aille_ téléphoner dans une cabine. **aller**
3. Il vaut mieux que j'_aie_ des pièces supplémentaires. **avoir**
4. Il faut que Pierre _soit_ là quand je lui téléphone. **être**

F. Combine each pair of sentences according to the model.

Je téléphone à Claudette. Jacques veut que
Jacques veut que je téléphone à Claudette.

1. Nous y allons ensemble. J'aime mieux que _J'aime mieux que nous y allions ensemble._
2. Robert et Jean nous accompagnent. Je voudrais que _Je voudrais que Robert et Jean nous accompagnent._
3. Je mets ma nouvelle robe. Philippe aimerait que _Philippe aimerait que je mette ma nouvelle robe._
4. Jacques conduit. Je veux que _Je veux que Jacques conduise._
5. Nous partons d'ici avant sept heures. Robert voudrait que _Robert voudrait que nous partions d'ici avant sept heures._

G. Some parents are very demanding! Rewrite the following sentences, adding «*Mon père préfère que*» at the beginning of each.

Mon père préfère...

1. Nous rentrons de l'école à six heures. _Mon père préfère que nous rentrions de l'école à six heures._
2. Paul finit ses devoirs à sept heures et demie. _Mon père préfère que Paul finisse ses devoirs à sept heures et demie._
3. Nous dînons à huit heures. _Mon père préfère que nous dînions à huit heures._
4. Ma mère et ma sœur font un gâteau le jeudi. _Mon père préfère que ma mère et ma sœur fassent un gâteau le jeudi._
5. Nous n'allons pas au cinéma le mardi. _Mon père préfère que nous n'allions pas au cinéma le mardi._
6. Nous ne faisons pas trop de bruit quand nous écoutons nos disques. _Mon père préfère que nous ne fassions pas trop de bruit quand nous écoutons nos disques._

152

7. Nous ne regardons pas les spectacles de variétés à la télé. *Mon père préfère que nous ne regardions pas les spectacles de variétés à la télé.*

8. Nous nous couchons à dix heures du soir. *Mon père préfère que nous nous couchions à dix heures du soir.*

9. Je reçois de bonnes notes à l'école. *Mon père préfère que je reçoive de bonnes notes à l'école.*

10. Ma mère est contente! *Mon père préfère que ma mère soit contente!*

H. Complete the sentences by filling in each blank with the correct form of the subjunctive of the verb indicated.

Il est indispensable!

1. Il est temps que Marie-Laure _____*aille*_____ au cinéma. **aller**

2. Il est préférable que nous _____*dînions*_____ en famille. **dîner**

3. Il est essentiel que l'équipe _____*soit*_____ en forme. **être**

4. Il est indispensable que nous _____*trouvions*_____ un bon hôtel. **trouver**

5. Il est juste que cette équipe _____*ait*_____ du succès. **avoir**

6. Il est temps que vous _____*finissiez*_____ vos devoirs. **finir**

Un peu plus: Vocabulaire et culture _____

I. Read the following passage about word roots with é- and the circumflex accent.

Étude de mots

You may have noticed that many words beginning with **é-** in French have English equivalents beginning with *s-*. For example,

étude	état
école	Étienne
épice	

Even when the English equivalent does not begin with *s-*, initial **é-** before **c** and **t** often replaces initial **s** in the word root. For example, **écrire** is derived from the Latin verb, *scribere*, "to write." The verb **établir** comes from Latin *stabilire*. English preserves both the *e* and *s* in "to establish."

What are the English equivalents of the following?

1. étrange _____*strange*_____
2. épouse _____*spouse*_____
3. étable _____*stable*_____
4. écureuil _____*squirrel*_____
5. étrangler _____*strangle*_____
6. éponge _____*sponge*_____
7. épagneul _____*spaniel*_____

Similarly, the circumflex accent in the middle of a word often conceals an *s* in the Latin word root. Some examples are:

French	*Latin*
fenêtre	fenestra
hôte	hospes
côte	costa

Sometimes the English word is derived from the same Latin root, so that it is easy to guess what the French word means. You have already encountered these words:

île	intérêt
hôpital	plâtre
pâturage	

What are the English equivalents of the following?

7. forêt _____ *forest* _____

8. bête _____ *beast* _____

9. quête _____ *quest* _____

10. hâte _____ *haste* _____

11. croûte _____ *crust* _____

12. crête _____ *crest* _____

Pour s'amuser

J. Fill in the following. All words end in *e*.

1. Henri a composé le numéro et a entendu la _____.
2. Il a cherché le numéro dans l'_____.
3. Quand on fait un appel téléphonique, on doit attendre la _____.
4. Quel est le numéro de _____ de la banque?
5. Je cherche le numéro mais je ne le _____ pas.
6. On met une pièce dans la _____.
7. Il n'y a pas de _____ téléphonique dans cette rue.

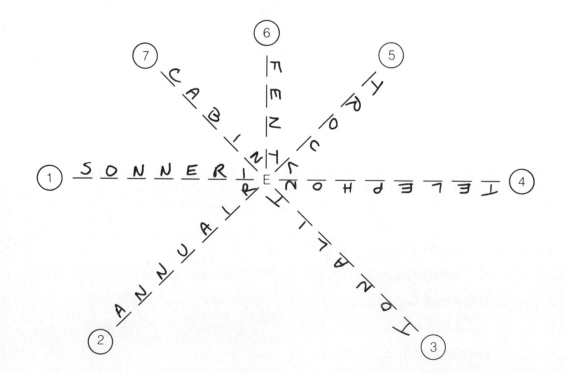

19 LES IMMEUBLES D'AUTREFOIS

Leçon 19

Vocabulaire

A. Identify the people or objects in each illustration.

Que voyez-vous?

1. *un balai*

2. *une poubelle*

3. *un fichu*

4. *un rideau*

B. Look at the illustration and then answer the question.

La vie dans un immeuble

1. Qui entre dans l'appartement? *Le locataire entre dans l'appartement.*

2. Que fait la concierge? *Elle met la poubelle dehors.*

3. Où est-ce que le locataire se cache? *Il se cache derrière le rideau.*

4. Qu'est-ce qu'il fait? *Il surveille la concierge.*

C. Answer these questions about where you live.

Où habites-tu?

1. Est-ce que tu habites une maison ou un appartement? _J'habite ___._

2. Est-ce que ton appartement se trouve dans un immeuble? _(Answers will vary.)_

3. Est-ce que tu connais tes voisins? _Oui, je connais mes voisins._

4. Est-ce que tu sors la poubelle? _Oui, je sors la poubelle._

5. Est-ce que ta mère porte un fichu quand il pleut? _Oui, elle porte un fichu (Non, elle ne porte pas de fichu.) quand il pleut._

6. De quelle couleur sont les rideaux dans le séjour chez toi? _Ils sont ___._

Structure

D. Who's the best in the French class? Answer these questions about your class.

La classe de français

1. Qui est le meilleur chanteur (la meilleure chanteuse) de la classe? ____ est le meilleur chanteur (la meilleure chanteuse) de la classe._

2. Qui est la meilleure danseuse (le meilleur danseur)? ____ est le meilleur danseur (la meilleure danseuse)._

3. Qui est le meilleur joueur (la meilleure joueuse) de tennis? ____ est le meilleur joueur (la meilleure joueuse) de tennis._

4. Qui est la meilleure artiste (le meilleur artiste)? ____ est le meilleur (la meilleuse) artiste._

5. Qui a de meilleures notes que toi? ____ a de meilleures notes que moi._

E. Answer these questions about yourself and your friends.

Talents divers

1. Est-ce que tu nages mieux que ton frère? _Oui, je nage mieux que mon frère._

2. Est-ce que ta mère chante aussi bien que ton père? _Oui, elle chante aussi bien que mon père._

156

3. Est-ce que tu skies moins bien que tes copains? *Oui, je skie moins bien que mes copains.*

4. De tous tes amis, qui lit le mieux en français? *— lit le mieux en français.*

5. Qui joue le mieux au tennis? *— joue le mieux au tennis.*

6. Est-ce que tu joues au football aussi bien que tes amis? *Oui, je joue au football aussi bien que mes amis.*

7. Est-ce que tu écris aussi bien que ta sœur? *Oui, j'écris aussi bien que ma sœur.*

F. **Combine each pair of sentences into a single sentence.**

Il est étonnant!

1. Il est étonnant. Il fait froid. *Il est étonnant qu'il fasse froid.*

2. C'est dommage. Vous n'allez pas à la fête. *C'est dommage que vous n'alliez pas à la fête.*

3. Je suis surpris. Tu es mécontent. *Je suis surpris que tu sois mécontent.*

4. Ils regrettent. Nous ne sommes pas chez nous. *Ils regrettent que nous ne soyons pas chez nous.*

5. Elle est heureuse. Vous avez de bonnes notes. *Elle est heureuse que vous ayez de bonnes notes.*

6. Je suis désolé. Il n'y a pas de fruits de mer. *Je suis désolé qu'il n'y ait pas de fruits de mer.*

7. J'ai peur. Il fait mauvais. *J'ai peur qu'il fasse mauvais.*

G. **Complete the sentences by filling in each blank with the correct form of the subjunctive of the verb indicated.**

Je suis heureux.

1. Est-ce que tu as peur qu'ils ne *viennent* pas ce soir? **venir**

2. Es-tu triste qu'ils ne *veuillent* pas venir? **vouloir**

3. Es-tu surpris qu'ils ne *sachent* pas notre numéro de téléphone? **savoir**

4. Es-tu content que je *puisse* leur téléphoner? **pouvoir**

5. C'est dommage qu'il *fasse* mauvais temps ce soir. **faire**

6. J'ai peur qu'ils ne *puissent* pas trouver de taxi. **pouvoir**

7. Je suis heureux que vous *vouliez* nous accompagner au restaurant. **vouloir**

H. Rewrite the following sentences, adding *Je regrette que* at the beginning of each.

Je le regrette!

1. Vous ne savez pas la réponse. _Je regrette que vous ne sachiez pas la réponse._

2. Ils ne veulent pas jouer au foot. _Je regrette qu'ils ne veuillent pas jouer au foot._

3. Vous ne venez pas ce soir. _Je regrette que vous ne veniez pas ce soir._

4. Christiane ne peut pas venir. _Je regrette que Christiane ne puisse pas venir._

5. Édouard ne sait pas conduire. _Je regrette qu'Édouard ne sache pas conduire._

6. Jacqueline ne veut pas acheter ce vélo. _Je regrette que Jacqueline ne veuille pas acheter ce vélo._

Un peu plus: Vocabulaire et culture _____

I. Read the following selection on the districts of Paris.

Les arrondissements de Paris

La capitale est divisée en 20 arrondissements. Chaque arrondissement possède ses particularités, ses quartiers résidentiels et commerciaux. Regardez la carte ci-dessous:

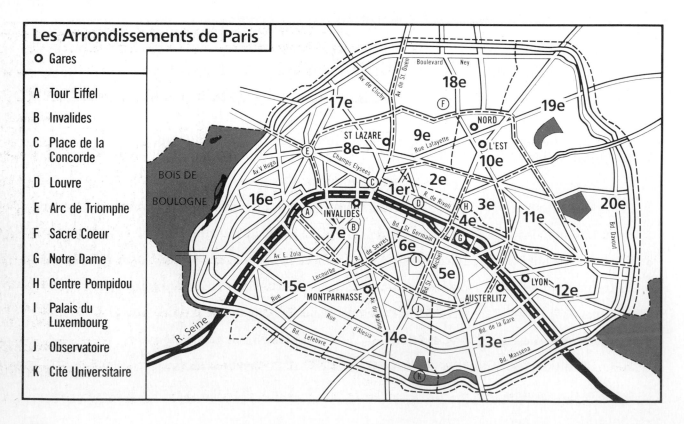

Les Arrondissements de Paris

- ○ Gares
- A Tour Eiffel
- B Invalides
- C Place de la Concorde
- D Louvre
- E Arc de Triomphe
- F Sacré Coeur
- G Notre Dame
- H Centre Pompidou
- I Palais du Luxembourg
- J Observatoire
- K Cité Universitaire

Les arrondissements qui se trouvent au centre de la ville sont le 8ᵉ, le 1ᵉʳ, le 2ᵉ, le 3ᵉ et le 4ᵉ (sur la Rive droite de la Seine); le 5ᵉ, le 6ᵉ et le 7ᵉ (sur la Rive gauche). Les autres arrondissements s'étendent• vers la banlieue. La Rive droite embrasse les quartiers et les monuments du Paris historique: l'Opéra, le musée du Louvre, l'Hôtel de Ville, l'Arc de Triomphe. Ici les immeubles sont généralement chers. Il y a beaucoup de magasins et de boutiques de luxe.

Sur la Rive gauche, par contraste, les quartiers sont généralement moins chers. Le quartier Latin et Saint-Germain-des-Prés (5ᵉ et 6ᵉ arrondissements) sont fertiles en souvenirs culturels. De nos jours, c'est encore là que vivent beaucoup d'étudiants, de musiciens, d'écrivains et d'artistes.

Si vous habitiez Paris, où voudriez-vous habiter? Regardez ces petites annonces. On vend des appartements dans le 5ᵉ arrondissement. Choisissez-en un et dites pourquoi vous l'avez choisi.

_____ (answers will vary.) _____
_____

Pour s'amuser

J. Unscramble each of the following groups of letters to form words. Then unscramble the circled letters to complete the sentence at the end.

1. A A I B L B A L A I
2. H F U I C F I C H U
3. T U U R A E A U T E U R
4. E I D R U A R I D E A U
5. A M R N O R O M A N
6. R D E E R E R I D E R R I E R E
7. H E R D O S D E H O R S
8. N A D D E S D E D A N S
9. N E T V D A D E V A N T

Albert Camus était un R O M A N C I E R.

• **s'étendent** _extend_

Nom _____

20 LA VOITURE
Leçon

Vocabulaire

A. Identify each numbered object in the illustration.

Savez-vous conduire?

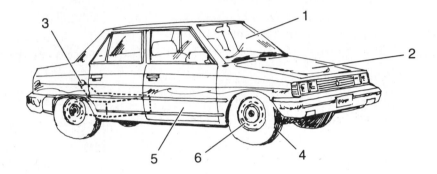

1. _le pare-brise_   4. _le pneu_
2. _le capot_   5. _la portière_
3. _le réservoir_   6. _la roue_

B. Complete the sentences by filling in each blank with an appropriate
    word.

Le conducteur

1. Le conducteur s'assied au _volant_.

2. En France il est obligatoire de mettre la _ceinture_ de sécurité.

3. Comme il est dix heures du soir, le conducteur met les _phares_.

4. Comme il pleut, il met les _essuie-glaces_.

5. Avant de tourner, il faut mettre le _clignotant_.

C. Answer the following questions.

Une voiture coûte cher!

1. Est-ce qu'une voiture coûte cher à entretenir en France? _Oui, une voiture coûte cher à entretenir._

2. Les Français, où cherchent-ils de la tranquillité presque tous les week-ends? _Ils cherchent de la tranquillité à la campagne._

Nom _____

3. Si le moteur de la voiture ne marche pas, sous quoi regardes-tu? *On regarde sous le capot.*

4. Quand y a-t-il des embouteillages à la sortie des grandes villes? *Il y a des embouteillages le vendredi soir.*

5. Est-ce que l'assurance coûte cher aux États-Unis? *Oui, l'assurance coûte cher aux États-Unis.*

6. Combien coûte l'essence près de chez vous? *L'essence coûte — le litre.*

Structure

D. **Complete the sentences by filling in each blank with the correct form of the subjunctive of the verb indicated.**

Est-il possible?

1. Mon frère voudrait que je me *lève* à huit heures. **lever**
2. Je suis surpris que vous ne *receviez* pas beaucoup de lettres. **recevoir**
3. Il est possible que Jeanne *prenne* de la viande pour le dîner. **prendre**
4. Il n'est pas impossible que nous *buvions* du coca. **boire**
5. Il est impossible qu'elle *reçoive* la lettre avant vendredi. **recevoir**
6. Lisette préfère que vous *appeliez* les enfants. **appeler**
7. Charles insiste pour que vous *preniez* du vin. **prendre**
8. Marc demande que vous vous *leviez* à l'heure. **lever**
9. Je suis heureux que Paul et Michèle *appellent* leurs cousins. **appeler**
10. J'ai peur que l'enfant *boive* le café. **boire**

E. **Complete the sentences by filling in each blank with *avant que, pour que, jusqu'à ce que, bien que, sans que,* or *à moins que.***

En route à Rennes!

1. Marcel conduit vite, *bien que* Marie lui dise qu'il y a plusieurs motards sur l'autoroute.
2. Il voudrait arriver à Rennes *avant que* la pâtisserie soit fermée.
3. Marcel et Marie vont chez le pâtissier *pour que* nous ayons du gâteau au dessert ce soir.
4. Ils sont partis *sans que* mon père le sache.

5. Marie veut acheter cinq tartes _____bien que_____ elle n'ait pas assez d'argent.

6. On souhaite qu'ils rentrent de Rennes _____avant que_____ mon père finisse son travail.

7. Nous resterons chez nous _____jusqu'à ce que_____ Marcel et Marie reviennent.

F. Combine the sentences according to the model.

Une excursion à Cannes

Nous n'irons pas à Cannes. Il fait beau.   à moins que
Nous n'irons pas à Cannes à moins qu'il fasse beau.

1. Nous attendrons Charles. Il revient de son bureau.   jusqu'à ce que _Nous attendrons Charles jusqu'à ce qu'il revienne de son bureau._

2. Nous prendrons la voiture. Paulette en a besoin.   à moins que _Nous prendrons la voiture à moins que Paulette en ait besoin._

3. Nous irons en ville. Louise peut voir la cathédrale.   pour que _Nous irons en ville pour que Louise puisse voir la cathédrale._

4. Nous garerons la voiture sur la place publique. Il n'y a que cinq parcmètres.   bien que _Nous garerons la voiture sur la place publique bien qu'il n'y ait que cinq parcmètres._

5. Nous finirons notre excursion. Ma mère nous sert le dîner.   avant que _Nous finirons notre excursion avant que ma mère nous serve le dîner._

6. Nous ferons le plein d'essence en super. Notre père le sait.   sans que _Nous ferons le plein d'essence en super sans que notre père le sache._

G. Rewrite the following sentences in the negative.

Il n'est pas certain.

1. Il est sûr que Charles viendra ce soir. _Il n'est pas sûr que Charles vienne ce soir._

2. Je crois que Maurice ira au bureau. _Je ne crois pas que Maurice aille au bureau._

3. Je pense que Charles l'attendra. _Je ne pense pas que Charles l'attende._

4. Je crois qu'ils prendront l'autoroute. _Je ne crois pas qu'ils prennent l'autoroute._

5. Il est certain qu'ils partiront à dix heures. _Il n'est pas certain qu'ils partent à dix heures._

Nom _____

H. Rewrite the sentences in Exercise G in the interrogative.

Est-il certain?

1. Est-il sûr que Charles vienne ce soir?
2. Crois-tu que Maurice aille au bureau?
3. Penses-tu que Charles l'attende?
4. Crois-tu qu'ils prennent l'autoroute?
5. Est-il certain qu'ils partent à dix heures?

I. Rewrite the following sentences, adding *Je doute que...* to the beginning of each.

Un peu sceptique

1. Nous pouvons prendre la voiture. Je doute que nous puissions prendre la voiture.
2. Nous finissons nos préparatifs avant de partir. Je doute que nous finissions nos préparatifs avant de partir.
3. Il connaît bien la route. Je doute qu'il connaisse bien la route.
4. Nous arrivons à Cannes avant minuit. Je doute que nous arrivions à Cannes avant minuit.
5. Nous trouvons un bon hôtel à Cannes. Je doute que nous trouvions un bon hôtel à Cannes.
6. On reviendra avant mercredi. Je doute qu'on revienne avant mercredi.
7. Il fera beau à Cannes. Je doute qu'il fasse beau à Cannes.

Un peu plus: Vocabulaire et culture

J. Read the following passage on false cognates and complete the exercise that follows.

Faux amis

By now you have encountered many French words whose meanings you can guess easily. These words are called *cognates*. They are related to English either because they are "loan words" or because they share the same word roots.

Cognates are a tremendous help if you are studying any language in a related group. You will find many cognate words in French, Spanish, Italian, and Portuguese, since these are all members of the same linguistic family—the Romance languages, which are all ultimately derived from Latin. English is

163

actually closer to the family of Germanic languages, but it shares many cognates with French because of the Norman conquest and occupation of England in the Middle Ages.

But beware! Even though cognates can help you 95 percent of the time, there are also false cognates (*faux amis*) that can trip you up. Make a special note of them as you study. Here are some false cognates, some familiar to you and some not. Check the meaning of each in a dictionary.

1. actuellement *now, currently*
2. la monnaie *change*
3. passer un examen *to take an exam*
4. assister à *to attend*
5. l'essence *gasoline*
6. le raisin *grape*
7. commander *to order*

8. avoir envie de *to feel like*
9. le conducteur *driver*
10. demander *to ask*
11. défendre *to forbid*
12. prétendre *to claim, to intend*
13. la prune *plum*
14. la carte *map*
15. l'avertissement *warning*

Pour s'amuser

K. Each word in the list is associated with one of the pictures below. Write the number of the appropriate picture next to each word.

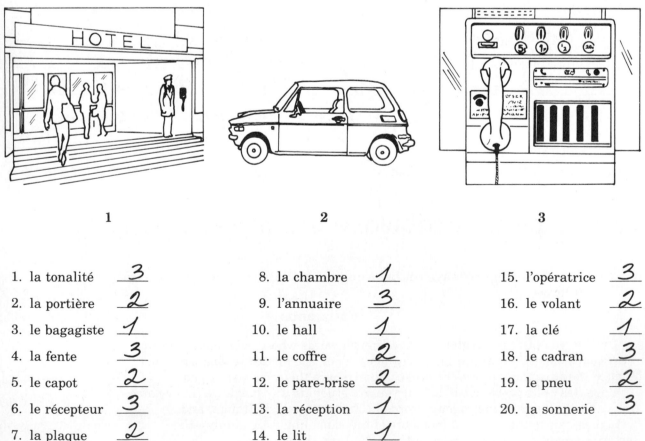

1   2   3

1. la tonalité   _3_
2. la portière   _2_
3. le bagagiste   _1_
4. la fente   _3_
5. le capot   _2_
6. le récepteur   _3_
7. la plaque   _2_

8. la chambre   _1_
9. l'annuaire   _3_
10. le hall   _1_
11. le coffre   _2_
12. le pare-brise _2_
13. la réception _1_
14. le lit   _1_

15. l'opératrice _3_
16. le volant   _2_
17. la clé   _1_
18. le cadran   _3_
19. le pneu   _2_
20. la sonnerie   _3_

164

Nom _____

Self-Test After Lesson 20

Part 1 Complete the sentences by filling in each blank with an appropriate word.

1. En Haïti, on voit beaucoup de petites maisons qui s'appellent des _____.

2. Les _____ sont en plâtre; le _____ est en terre battue.

3. Autrefois les femmes portaient souvent un _____ sur la tête.

4. Il n'est pas monté à cheval. Il est monté à dos d'_____.

5. Ils ont beaucoup de temps; ils ne sont pas _____.

Part 2 Identify the people or objects in each illustration.

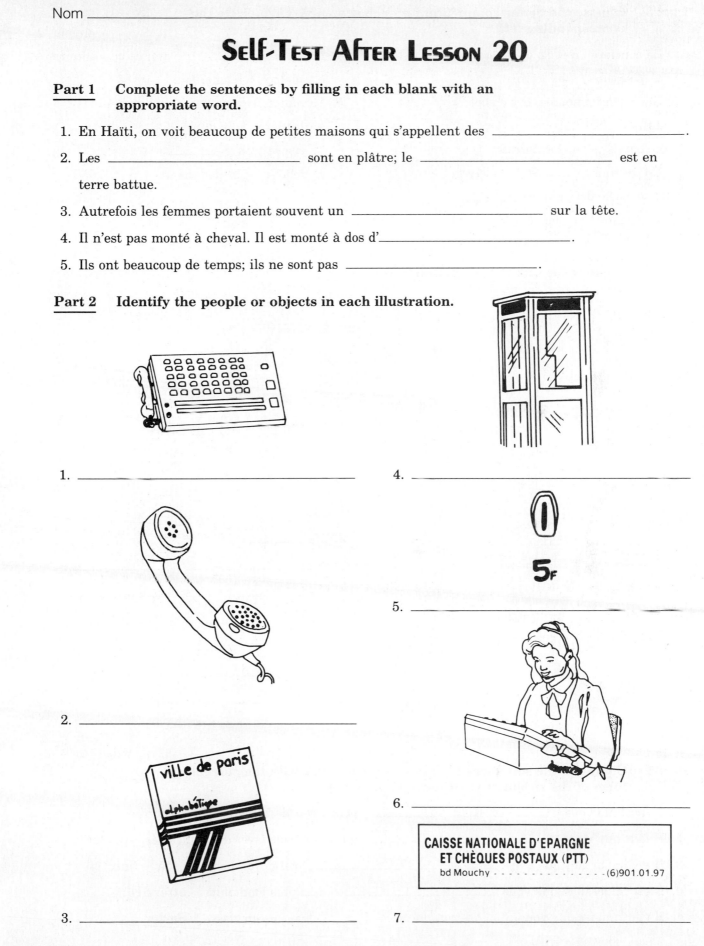

1. _____

2. _____

3. _____

4. _____

5. _____

6. _____

CAISSE NATIONALE D'EPARGNE
ET CHÈQUES POSTAUX (PTT)
bd Mouchy - - - - - - - - - - - - (6)901.01.97

7. _____

Part 3 Choose the better completion for each sentence. Then circle the corresponding letter.

1. La concierge met la _____ dehors.

   a. poubelle   b. lettre

2. Dans son immeuble, il y a sept

   autres _____.

   a. balais   b. locataires

3. Un locataire surveille la concierge;

   il se cache derrière le _____.

   a. rideau   b. fichu

4. L'auteur est le _____ ami de ce locataire.

   a. mieux   b. meilleur

5. La cour se trouve _____ l'immeuble.

   a. derrière   b. dans

6. La rue se trouve _____.

   a. dehors   b. dedans

Part 4 Identify the object in each illustration.

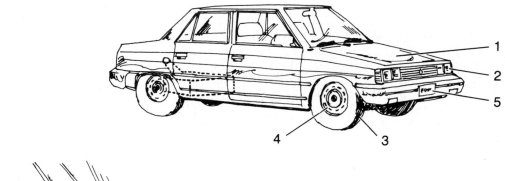

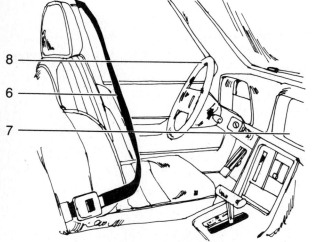

1. _____

2. _____

3. _____

4. _____

5. _____

6. _____

7. _____

8. _____

Part 5 Complete the sentences by filling in each blank with the correct form of the subjunctive of the verb indicated.

1. Il faut que vous _____ pour avoir de bonnes notes. **étudier**

2. Il faut que vous _____ au prof si vous avez des difficultés. **parler**

3. Il est important que vous _____ vos devoirs chaque soir. **finir**

4. Il est impossible que vous _____ plus longtemps. **attendre**

5. Il vaut mieux que vous _____ français en classe. **parler**

166

Part 6   Complete the sentences by filling in each blank with the correct form of the subjunctive of the verb indicated.

Il faut...

1. que tu _____ ce journal. **lire**

2. que vous _____ cette lettre. **écrire**

3. que nous _____ à sept heures. **partir**

4. qu'elles _____ tout de suite. **sortir**

5. que je _____ «au revoir» à Louis. **dire**

6. qu'il _____. **dormir**

Part 7   Complete the sentences by filling in each blank with the correct form of the subjunctive of the verb indicated.

Il vaut mieux...

1. que Paul _____ là aussi. **être**

2. qu'ils _____ leurs devoirs dans le séjour. **faire**

3. que j'_____ au supermarché. **aller**

4. que nous y _____ ensemble. **aller**

5. que vous _____ les numéros de téléphone. **avoir**

6. que vous _____ à l'heure. **être**

Part 8   Choose the better completion for each sentence. Then circle the corresponding letter.

1. Les émissions à la radio sont _____ que les émissions à la télé aujourd'hui.

     a. meilleures   b. mieux

2. La publicité française est la _____ du continent.

     a. mieux   b. meilleure

3. Henri écrit _____ que Paul.

     a. moins bien   b. meilleur

4. C'est Richard qui lit _____.

     a. le meilleur   b. le mieux

Part 9   Complete the sentences by filling in each blank with the correct form of the subjunctive of the verb indicated.

1. Je suis désolé qu'il _____ froid aujourd'hui. **faire**

2. Nous regrettons qu'il ne _____ pas ses disques. **vendre**

3. Il est étonnant qu'on ne _____ pas les journaux ici. **vendre**

4. Ils sont heureux que nous _____ à la plage. **aller**

5. Je suis surpris que vous ne _____ pas votre livre. **trouver**

Part 10 Complete the sentences by filling in each blank with the correct form of the verb indicated.

1. Il faut que vous _____ les enfants. **appeler**

2. Il vaut mieux que tu _____ du coca. **prendre**

3. Il est préférable que nous ne _____ pas de café. **boire**

4. Il est juste que vous _____ un cadeau. **recevoir**

5. Je regrette que Michèle ne _____ pas. **venir**

6. Je suis surpris que tu _____ faire du ski. **vouloir**

7. Pensez-vous que Thomas _____ nous aider? **pouvoir**

8. Je doute que Geneviève _____ l'adresse. **savoir**

9. Je suis étonné que vous _____ du thé. **prendre.**

10. Nicole regrette que nous ne _____ pas sortir samedi. **vouloir**

Part 11 Choose the correct completion in column B for each phrase in column A. Then write the corresponding letter in the blank.

A	B
1. Pauline viendra avec nous _____.	a. sans qu'il le sache.
2. Nous resterons _____.	b. à moins que son père lui demande de rentrer.
3. Elle prend le pull de son frère _____.	c. bien qu'il y ait beaucoup de circulation ce soir.
4. Nous y irons en voiture _____.	d. avant que tu passes l'examen.
5. Le professeur expliquera les verbes _____.	e. jusqu'à ce que les autres arrivent.

Part 12 Rewrite the sentences below as questions.

1. Il est certain que vous pouvez faire le voyage.

   Est-il certain _____?

2. Il est vrai que nous allons à Bordeaux.

   Est-il vrai _____?

Part 13 Rewrite the sentences below in the negative.

1. Il est certain que vous pouvez faire le voyage.

   _____

2. Il est vrai que nous allons à Bordeaux.

   _____

THE ANSWERS TO THIS SELF-TEST APPEAR ON PAGES 189–190.

21 Chez le médecin

Leçon

Vocabulaire

A. Complete the sentences by filling in each blank with an appropriate word.

Tu es malade?

1. Quand tu as mal à la _____gorge_____, le médecin te demande d'ouvrir la bouche pour pouvoir t'examiner.

2. Si le médecin te prend la tension, tu dois _____remonter_____ la manche.

3. Si le médecin t' _____ausculte_____ les poumons, tu dois respirer profondément.

4. Si tu _____transpires_____ beaucoup, il est possible que tu aies de la fièvre.

5. On peut acheter des comprimés d'aspirine sans _____ordonnance_____.

6. Si on a mal à la gorge, il est possible qu'on _____tousse_____ souvent.

B. Answer these questions about your doctor.

Ton médecin

1. Où se trouve le cabinet de ton médecin? _Il se trouve —._
   _____

2. Est-ce que ton médecin est généraliste ou spécialiste? _Il est —._
   (Elle est —.)

3. Est-ce que ton médecin demande à l'infirmière de prendre la tension? _Oui, il (elle) demande à l'infirmière de prendre la tension._

4. Est-ce qu'il t'ausculte les poumons quand il t'examine? _Oui, il (elle) m'ausculte les poumons quand il (elle) m'examine._

5. Est-ce qu'il te demande de respirer profondément? _Oui, il (elle) me demande de respirer profondément._

Structure

C. Combine each pair of sentences, using *sans, avant de,* or *pour* with an infinitive.

Que font les amis?

1. Paul sort. Il ne dit pas «au revoir». *Paul sort sans dire "au revoir".*

2. Éliane téléphone à ses amies. Ensuite, elle regarde la télé dans le séjour. *Éliane téléphone à ses amis avant de regarder la télé dans le séjour.*

3. Il joue du piano. Il amuse les enfants. *Il joue du piano pour amuser les enfants.*

4. Marc fait ses devoirs. Ensuite, il va à la Maison des Jeunes. *Marc fait ses devoirs avant d'aller à la Maison des Jeunes.*

5. Fabienne gare la voiture. Ensuite, elle met une pièce dans le parcmètre. *Fabienne gare la voiture avant de mettre une pièce dans le parcmètre.*

6. Brigitte va au musée du Louvre. Elle veut voir la Joconde. *Brigitte va au musée du Louvre pour voir la Joconde.*

7. Henri étudiait beaucoup. Il voulait recevoir de bonnes notes. *Henri étudiait beaucoup pour recevoir de bonnes notes.*

D. Choose the better completion for each sentence. Then circle the corresponding letter.

Que préférez-vous?

1. Il faut _____ au lycée à huit heures.

   a. aille   (b.) aller

2. Le prof veut que nous _____ à l'heure.

   a. arriver   (b.) arrivions

3. Maman veut que nous nous _____ à l'arrêt d'autobus.

   a. rencontrer   (b) rencontrions

4. Paul veut _____ jusqu'à ce que maman l'appelle.

   (a.) dormir   b. dorme

5. Suzette n'a pas envie de _____ trop tôt.

   a. se lève   (b) se lever

6. Mon père préfère que nous ne _____ pas trop de bruit.

   (a.) fassions   b. faire

E. Answer the following questions.

On va chez le médecin.

1. Faut-il aller chez le médecin quand on est malade? *Oui, il faut aller chez le médecin quand on est malade.*

170

2. Est-ce que le médecin préfère que nous nous prenions rendez-vous avant? *Oui, il préfère que nous nous prenions rendez-vous avant.*

3. Est-ce que le médecin veut que l'infirmière te prenne la tension avant de t'examiner? *Oui, il veut que l'infirmière me prenne la tension avant de m'examiner.*

4. Faut-il que ton père ou ta mère t'accompagne chez le médecin? *Oui, il faut que mon père ou ma mère m'accompagne chez le médecin.*

5. Est-ce que tu préfères y aller tout(e) seul(e)? *Oui, je préfère y aller tout(e) seul(e).*

F. Complete the conversation by filling in each blank with the correct form of the verb indicated.

Un peu de vin?

—Est-ce que je pourrais vous _*offrir*_ (offrir) du vin? J'ai _*ouvert*_ (ouvrir) une bonne bouteille de bourgogne que j'ai _*découvert*_ (découvrir) chez un petit marchand de Rennes.

—Non, merci. Je ne prends pas de vin. Je _*souffre*_ (souffrir) un peu de l'estomac.

Pour s'amuser

G. In the following crucigram there are 28 French words related to medicine and the body. Circle each word you can find. The words can go from left to right, from the top down, or diagonally from left to right.

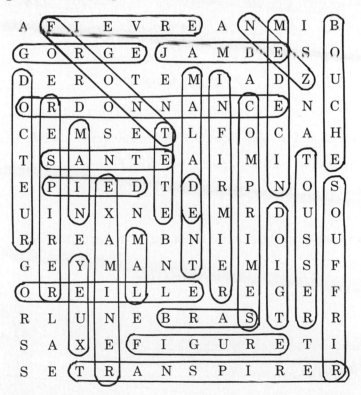

Nom _____

22 LE SAVOIR-VIVRE

Leçon

Vocabulaire

A. Choose the correct completion in column B for each phrase in column A. Then write the corresponding letter in the blank.

Des gens bien élevés

A

1. Une fille bien élevée ___*b*___.

2. Vous vous fixez rendez-vous ___*f*___.

3. Un garçon poli ___*e*___.

4. Les filles s'embrassent ___*c*___.

5. Un garçon impoli ___*d*___.

6. Les gens bien élevés observent ___*a*___.

B

a. une certaine formalité

b. est toujours polie

c. sur les joues

d. est mal élevé

e. serre la main à ses amis

f. dans un café

B. Answer the following questions.

Les bonnes manières

1. Un garçon impoli, est-ce qu'il a de bonnes manières? *Non, un garçon impoli n'a pas de bonnes manières.*

2. Est-ce qu'il faut tutoyer le prof en France? *Non, il ne faut pas tutoyer le prof en France.*

3. Est-ce que les Français emploient le prénom avec une personne plus âgée? *Non, ils n'emploient pas le prénom avec une personne plus âgée.*

4. Est-ce que l'emploi du prénom est un signe d'intimité en France? *Oui, c'est un signe d'intimité en France.*

C. Look at the illustrations and then write a sentence to describe each situation.

Le savoir-vivre

1. *Les filles s'embrassent sur les joues.*

172

Nom _____

2. _Les amis ont rendez-vous au café._

3. _Les garçons se serrent la main._

4. _Le garçon n'est pas bien élevé._

Structure

D. Complete the sentences by filling in each blank with *ce qui* or *ce que*.

Je sais ce qui se passe!

1. Nous ne savons pas _ce qui_ a fait ce bruit.
2. Savez-vous _ce que_ ces gens ont crié?
3. Est-ce que tu sais _ce qui_ se passe sur la place?
4. Est-ce que maman entend _ce que_ tu dis?
5. Elle nous demande _ce qui_ est arrivé.
6. Nous ne pouvons pas lui répondre, parce que nous n'avons pas compris _ce qu'_ elle nous a demandé.

E. Complete the sentences by filling in each blank with *ce qui* or *ce que*.

Dites-moi ce qui se passe.

Pourriez-vous me dire...

1. _ce qui_ se passe?
2. _ce que_ le docteur a fait?
3. _ce que_ maman a acheté?
4. _ce qui_ va arriver demain?
5. _ce que_ mon père a trouvé?
6. _ce que_ vous voudriez faire?

173

F. Complete the sentences by filling in each blank with the correct form of *lequel*.

Lequel préfères-tu?

1. Voici deux docteurs. _____Lequel_____ porte un chapeau?
2. Voici trois messieurs. _____Lesquels_____ portent un manteau?
3. Voici une vieille maison et une maison moderne. _____Laquelle_____ se trouve à droite?
4. Voici quatre dames. _____Lesquelles_____ s'embrassent?
5. La carte vous montre quatre rues. Dans _____laquelle_____ se trouve la boulangerie?
6. Voici Marc, Michel et Paul. _____Lequel_____ des trois garçons bavarde avec Marc?

G. Form questions, using the proper form of the pronoun *lequel*.

Lesquels admire-t-elle?

1. Il a visité son cousin. _Lequel a-t-il visité?_
2. Il a déjà lu ces journaux. _Lesquels a-t-il lus?_
3. Il a salué la maîtresse d'école. _Laquelle a-t-il saluée?_
4. Vous avez rencontré vos amies. _Lesquelles avez-vous rencontrées?_
5. On a parlé avec le professeur. _Avec lequel a-t-on parlé?_
6. Tu as donné ces livres à Jeanne. _Lesquels as-tu donnés à Jeanne?_
7. Nous avons monté les bagages. _Lesquels avons-nous montés?_
8. Elles ont admiré ces tableaux. _Lesquels ont-elles admirés?_

Un peu plus: Vocabulaire et culture

H. Make up sentences in which you use the following expressions of time:

être en retard	de bonne heure
être à l'heure (exacte)	de bon matin
arriver en avance	trop tôt (*too early*)
à la dernière minute	Ma montre avance de _____ minutes.
perdre (son) temps	Ma montre retarde de _____ minutes.
il est tard (trop tard)	

(Answers will vary.)

174

Pour s'amuser

I. Group the following letters correctly to reveal three sentences describing a young boy.

C	E	P		E	T
I		T	G	A	R
C	O		N	E	S
T	M	A	L	E	
L	E	V		E	Q
	U	A	N	D	I

L	F	A	I		T
L		A	C	O	N
N	A	I		S	S
A	N		C	E	D
U	N	E	P	E	
R	S	O	N		N

E	P	L	U		S
A	G		E	E	I
	L	L	A	T	U
	I	O	I	E	T
U		T	L	E	M
O	N	D		E	

S		A	I	T	Q
U	E	C		E	S
T	U		N	S	I
	G	N	E	D	
M	P	O	L		I
T		E	S	S	E

Ce petit garçon est mal élevé. Quand il fait la connaissance d'une personne plus âgée, il la tutoie. Tout le monde sait que c'est un signe d'impolitesse.

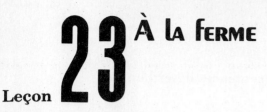

Leçon 23 À la ferme

Vocabulaire

A. Choose the best completion for each sentence. Then circle the corresponding letter.

La vie d'un agriculteur

1. Cette grande ferme a 150 _____.

   (a.) hectares   b. grandes   c. tracteurs

2. Un _____ se lève au lever du soleil.

   (a.) agriculteur   b. étable   c. matériel

3. Il se couche au _____ du soleil.

   (a.) coucher   b. fermier   c. récolte

4. La vie d'un agriculteur est _____.

   a. amusante   (b.) dure   c. dans la grange

5. Le fermier _____ son matériel agricole dans la grange.

   a. cache   b. couche   (c.) entrepose

6. Le fermier gagnera de l'argent si _____ est bonne.

   a. la grande   b. le tracteur   (c.) la récolte

7. Si la récolte est mauvaise, le fermier ne gagne pas assez d'argent pour payer ses _____.

   a. vaches   b. hectares   (c.) frais

B. Answer the following questions.

À la ferme

1. Où est-ce que le fermier entrepose son matériel agricole? _Il l'entrepose dans la grange._

2. Les agriculteurs, quand se couchent-ils? Pourquoi? _Ils se couchent au coucher du soleil parce qu'ils ont beaucoup à faire pendant la journée._

3. Quels bâtiments trouve-t-on dans une ferme? _On trouve une étable, une grange et la maison du fermier._

4. Une ferme de 20 hectares, ça fait combien d'«acres» aux États-Unis? _Ça fait 49,4 "acres" aux États-Unis._

5. Pourquoi est-il essentiel que la récolte du fermier soit bonne? _Il est essentiel que la récolte soit bonne pour que le fermier puisse payer ses frais._

Nom _____

Structure

C. **Make up sentences, using forms of _celui-ci_ and _celui-là_. Follow the model.**

Voici deux crayons.
Celui-ci est à moi; celui-là est à lui.

1. Voici deux tracteurs. _Celui-ci est à moi; celui-là est à lui._

2. Voici deux livres. _Celui-ci est à moi; celui-là est à lui._

3. Voici deux photos. _Celle-ci est à moi; celle-là est à lui._

4. Voici deux granges. _Celle-ci est à moi; celle-là est à lui._

5. Voici deux voitures. _Celle-ci est à moi; celle-là est à lui._

6. Voici deux disques. _Celui-ci est à moi; celui-là est à lui._

7. Voici deux gâteaux. _Celui-ci est à moi; celui-là est à lui._

D. **Answer the following questions, using a form of _celui-ci_ or _celui-là_.**

J'admire celui-là.

1. Jacques m'a donné deux transistors. Lequel préfères-tu? _Je préfère celui-ci (celui-là)._

2. Maman a préparé ces sandwiches. Lequel veux-tu? _Je veux celui-ci (celui-là)._

3. Voici deux photos. Laquelle veux-tu que je donne à Richard? _Je veux que tu donnes celle-ci (celle-là) à Richard._

4. Nous avons vu deux châteaux. Lequel aimes-tu mieux? _J'aime mieux celui-ci (celui-là)._

5. Nous avons admiré les tableaux de Monet et de Renoir. Lesquels avez-vous préférés? _J'ai préféré ceux de ___._

6. Il y a beaucoup de fermes en Normandie. Lesquelles sont les plus grandes? _Celles-ci (Celles-là) sont les plus grandes._

177

E. Combine the following pairs of sentences according to the model.

J'ai demandé à Paul... Donne-moi les livres.
J'ai demandé à Paul de me donner les livres.

1. J'ai demandé au prof... Expliquez-moi cette pièce.

   J'ai demandé au prof de m'expliquer cette pièce.

2. J'ai demandé au médecin... Faites-moi une ordonnance.

   J'ai demandé au médecin de me faire une ordonnance.

3. Nous avons demandé à Robert... Achète-nous des disques.

   Nous avons demandé à Robert de nous acheter des disques.

4. Ils ont demandé à Lisette... Donne-leur le billet.

   Ils ont demandé à Lisette de leur donner le billet.

5. J'ai demandé à maman... Donne-moi un coca.

   J'ai demandé à maman de me donner un coca.

6. J'ai demandé à l'acteur... Montrez-moi la scène.

   J'ai demandé à l'acteur de me montrer la scène.

7. Nous avons demandé au fermier... Montrez-nous les vaches.

   Nous avons demandé au fermier de nous montrer les vaches.

F. Answer these questions about yourself.

La permission

1. Est-ce que les profs permettent aux lycéens de bavarder en classe? *Non, ils ne leur permettent pas de bavarder en classe.*

2. Est-ce que tes parents t'ont promis de t'acheter une mobylette pour Noël? *Oui, ils m'ont promis de m'acheter une mobylette pour Noël.*

3. Est-ce que ton père demande à ton frère de se lever à l'heure en semaine? *Oui, il lui demande de se lever à l'heure en semaine.*

4. Est-ce que ta mère te dit de parler français au restaurant? *Oui, elle me dit de parler français au restaurant.*

5. Est-ce que tes parents te défendent de regarder la télé avant de passer un examen? *Oui, ils me défendent de regarder la télé avant de passer un examen.*

6. Est-ce que ta sœur te promet de t'aider quand tu étudies? *Oui, elle me promet de m'aider quand j'étudie.*

7. Est-ce que tu promets à ta grand-mère de lui rendre visite de temps en temps? *Oui, je lui promets de lui rendre visite de temps en temps.*

178

Un peu plus: Vocabulaire et culture _____

G. **In the lists below, look for the words that complete the following sentences. Use each word only once.**

agriculteur, des agriculteurs
des campagnards
cultivateur, cultivatrice, cultive(r)
fermier, fermière
fertilise(r)
paysan, paysanne, des paysans
récolte(r)
des ruraux
la culture des fleurs
la culture des vignes
la culture de la terre
la culture des arbres
la culture des jardins

1. La culture est l'action de cultiver la terre. Le personne qui cultive la terre est un
   a. _agriculteur_ .   c. _fermier_ .
   b. _cultivateur_ .   d. _paysan_ .

2. Sa femme est une
   a. _fermière_ .   c. _cultivatrice_ .
   b. _paysanne_ .

3. Les gens qui habitent la campagne ou une ferme sont
   a. _campagnards_ .   c. _ruraux_ .
   b. _paysans_ .

4. On plante ou on sème les champs. On les
   a. _cultive_ ,   c. _récolte_ aussi.
   b. _fertilise_ et

5. Cherchez la définition de
   a. l'agriculture _la culture de la terre_
   b. l'arboriculture _la culture des arbres_
   c. la floriculture _la culture des fleurs_
   d. l'horticulture _la culture des jardins_
   e. la viticulture _la culture des vignes_

Pour s'amuser

H. Complete the following crossword.

Across

1. Le fermier se couche au _____ du soleil.
5. Cet agriculteur a une _____ de 30 hectares.
8. Dans l'étable il y a deux vaches _____ trois chevaux.
9. Martinique est une _____ tropicale.
11. Tu as envie de visiter Paris, _____ doute.
13. Le lycéen se lève au _____ du soleil.
14. J'ai _____ trois comprimés, mais je les ai perdus.
15. À l'_____ d'Orly, on reçoit sa carte d'embarquement.
16. Attendez-moi à l'_____ d'autobus.
18. Est-ce qu'_____ se sont lavés ce matin?
19. Entre la bouche et les yeux.
21. Combien _____ frères as-tu?
23. On dort dans un _____.
25. Quel temps _____-_____?
28. Voilà les cuillers, à _____ des fourchettes.
29. Henri est _____ dîner en ville.
30. Il n'y a pas d'_____ dans le réservoir.
32. Elles se sont _____ sur les joues.
33. Faire _____ ski.

Down

1. L'étable de M. Boudin est moderne, mais _____ de son voisin est vieille.
2. On doit recevoir le bac pour entrer à l'_____.
3. Nous n'allons pas en ville aujourd'hui parce que nous y sommes allés _____.
4. Paul est _____ à l'hôtel trois jours.
6. Lundi, mardi, _____, jeudi…
7. Paul _____ Henri sont copains.
10. Les lycéens n'ont pas de temps libre parce que _____ programme quotidien est très difficile.
12. Cinq, six, _____, huit, etc.
15. Le sculpteur travaille dans son _____.
16. «_____. C'est Jean. Marie est là?»
17. De temps _____ temps.
20. Cette chambre n'est pas propre, mais très _____.
22. Ce garçon est très impoli. Il est mal _____.
24. Donne-moi ton parapluie et _____ livres.
25. Le programme quotidien n'est pas _____, mais très difficile.
26. Quelle heure est-_____?
27. Le lycéen n'a pas de _____ libre.
28. Une _____ de crédit.
31. Mon oncle et _____ tante arriveront demain.

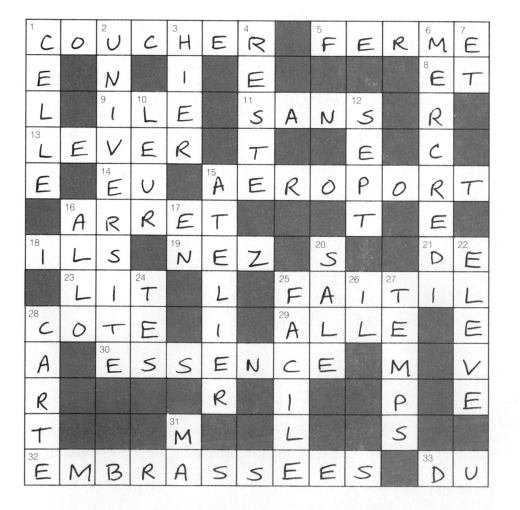

Answers to Self-Test After Lesson 4

Part 1

1. agneau
2. foraine
3. messe
4. bûche
5. Toussaint
6. cadeaux

If you have made any mistakes, review *Vocabulaire* on pages 40–41 of your textbook.

Part 2

1. un évêque
2. un îlot
3. des marches
4. une auberge
5. une baie

If you have made any mistakes, review *Vocabulaire* on pages 54–55.

Part 3

1. la cigogne
2. sur le toit d'une maison
3. un(e) ornithologue
4. un(e) écologiste
5. Oui, ils sont universels.

If you have made any mistakes, questions 1–3, review *Vocabulaire* on pages 70–71; questions 4–5, review *Note* on page 72.

Part 4

1. mosquée
2. Maroc
3. souk
4. Tunisienne
5. Algérien

If you have made any mistakes, review *Vocabulaire* on pages 82–83.

Part 5

1. promis
2. pu
3. vu
4. compris
5. mis
6. écrit
7. dit
8. reçu

If you have made any mistakes, review *Révision des participes passés irréguliers* on page 44.

Part 6

1. Oui, je me lève à l'heure lundi matin.
2. Oui, je me lave dans la salle de bains.
3. Oui, je m'habille dans ma chambre.
4. Oui, je me dépêche pour aller à l'école.
5. Oui, je m'amuse avec mes amis.

If you have made any mistakes, review *Révision des verbes réfléchis* on page 45.

Part 7

1. parce qu'
2. à cause de
3. parce que

If you have made any mistakes, review *Parce que et à cause de* on page 46.

Part 8

1. arrivée
2. entrée
3. montée
4. descendue
5. sortie

If you have made any mistakes, review *Le passé composé avec être* on page 57.

Part 9

1. resté   3. revenu   5. né
2. tombées   4. rentrés

If you have made any mistakes, review *D'autres verbes avec être* on page 59.

Part 10

1. es descendu(e)   3. avez monté
2. a sorti   4. ont descendu

If you have made any mistakes, review *Descendre, monter et sortir avec avoir et être* on page 61.

Part 11

1. Non, je ne les ai pas trouvés.
2. Non, je ne les ai pas vus.
3. Non, je ne l'ai pas remarquée.
4. Non, je ne l'ai pas regardé.
5. Non, je ne les ai pas cataloguées.
6. Non, je ne les ai pas regardés.

Part 12

1. téléphoné   4. achetée
2. écrit   5. chantées
3. donnés

If you have made any mistakes in Parts 11 and 12, review *L'accord du participe passé avec les objets directs* on page 73.

Part 13

1. Qu'est-ce qui   4. Qui
2. Qui   5. Qu'est-ce qui
3. Qui

If you have made any mistakes, review *Des expressions interrogatives avec qui, qu'est-ce qui* on page 84.

Part 14

1. a   4. b
2. b   5. b
3. b

If you have made any mistakes, review *Qui et que comme objet direct* on page 85.

Part 15

1. qui   4. quoi
2. qui   4. quoi
3. quoi

If you have made any mistakes, review *Qui et quoi comme objet de préposition* on page 86.

Part 16

1. écrite   4. trouvée
2. vue   5. cachée
3. mise

If you have made any mistakes, review *L'accord du participe passé* on page 87.

Answers to Self-Test After Lesson 8

(Self-diagnosis)

Part 1

1. libre   4. loisirs
2. l'arrêt   5. quotidien
3. d'habitude

If you have made any mistakes, review *Vocabulaire* on page 102.

182

Part 2

1. une chanteuse	4. une cour d'immeuble
2. un château	5. une place
3. un troubadour	

If you have made any mistakes, review *Vocabulaire* on pages 116–118.

Part 3

1. e	4. c
2. b	5. a
3. d	

If you have made any mistakes, review *Vocabulaire* on pages 132–135.

Part 4

1. b	3. a
2. a	4. a

If you have made any mistakes, review *Vocabulaire* on pages 152–153.

Part 5

1. Non, mon père ne s'est pas levé à six heures ce matin.
2. Non, ma sœur ne s'est pas couchée à minuit hier soir.
3. Non, mon frère ne s'est pas rasé dans sa chambre.
4. Non, mes parents ne se sont pas dépêchés pour aller au lycée.
5. Non, je ne me suis pas habillé(e) dans la cuisine.

If you have made any mistakes, review *Le passé composé des verbes réfléchis* on page 104.

Part 6

1. parlé	4. lavé
2. acheté	5. amusés
3. téléphoné	

If you have made any mistakes, review *Accord du participe passé avec les pronoms réfléchis* on page 106.

Part 7

1. plus	3. rien
2. personne	4. jamais

If you have made any mistakes, review *Expressions négatives au passé composé* on page 107.

Part 8

faisait	regardais
allais	passaient
avais	se dépêchaient
marchais	se parlaient
voulais	parlions

If you have made any mistakes, review *L'imparfait* on pages 120–121.

Part 9

1. étions	4. étais
2. était	5. était
3. étaient	

If you have made any mistakes, review *L'imparfait du verbe être* on page 122.

Part 10

1. Mon père ne boit que du café.
2. Ma sœur n'aime ni chanter ni danser.
3. Je n'ai mangé que du fromage au restaurant.
4. Mon frère n'a pris ni légumes ni salade.
5. Ma mère n'est ni grande ni petite.

If you have made any mistakes, review *Expressions négatives ne... que et ne... ni.. ni* on page 124.

Part 11

1. Je jouais au football tous les jours.
2. Tu es allé à la fête samedi soir.
3. Paul étudiait toujours.
4. Elles ont préparé un bon couscous pour le dîner.
5. Nous allions en Bourgogne tous les étés.

If you have made any mistakes, review *Les emplois de l'imparfait* on page 123; *L'imparfait et le passé composé* on page 137.

Part 12

1. b   4. a
2. a   5. b
3. a

If you have made any mistakes, review *Deux actions dans la même phrase* on page 139.

Part 13

1. facilement   3. sérieusement
2. correctement   4. certainement

If you have made any mistakes, review *La formation des adverbes en -ment* on page 142.

Part 14

1. suivent   4. suit
2. vivons   5. a survécu
3. ai suivi

If you have made any mistakes, review *Les verbes suivre et vivre* on page 155.

Part 15

1. joue   4. allez
2. habitez   5. apprend
3. avez

If you have made any mistakes, review *Depuis + le présent* on page 165.

ANSWERS TO SELF-TEST AFTER LESSON 12

(Self-diagnosis)

Part 1

1. Un peintre fait des tableaux.
2. Un sculpteur fait des sculptures.
3. Les artistes travaillent dans un atelier.
4. Il y a beaucoup de tableaux célèbres dans un musée.
5. Oui, il y a une statue dans le port de New York.
6. Oui, les paquebots transportent des passagers.

If you have made any mistakes, review *Vocabulaire* on pages 174–175.

Part 2

1. hall   4. donne
2. carte de crédit   5. clé
3. bagagiste

If you have made any mistakes, review *Vocabulaire* on pages 188–190.

184

Part 3

1. l'autoroute
2. la voie
3. le péage
4. un camion
5. un panneau

If you have made any mistakes, review *Vocabulaire* on pages 202–203.

Part 4

1. suit
2. demi-pensionnaire; cantine
3. chorale
4. Maison des Jeunes
5. conduite

If you have made any mistakes, review *Vocabulaire* on pages 214–215.

Part 5

1. a honte
2. ai mal
3. a lieu
4. a sommeil
5. ont l'air

If you have made any mistakes, review *Expressions avec avoir* on page 176.

Part 6

1. Oui, il en boit.
2. Oui, nous en mangeons.
3. Oui, ils en font.
4. Oui, il en est fier.
5. Oui, elle en met.
6. Oui, nous en parlons.
7. Oui, j'en ai peur.

Part 7

1. Oui, j'en ai parlé.
2. Oui, j'en ai acheté.
3. Oui, j'en ai mangé.
4. Oui, j'en ai pris.
5. Oui, j'en ai écrit.

If you have made any mistakes in Parts 6 and 7, review *Le pronom en* on page 177.

Part 8

1. Non, n'en sers (*or* servez) pas!
2. Non, n'en achète (*or* achetez) pas!
3. Oui, parles-en (*or* parlez-en).
4. Oui, manges-en (*or* mangez-en).

If you have made any mistakes, review *En avec le passé composé et l'impératif* on page 179.

Part 9

1. Hélène finira son travail à dix heures.
2. Les clients rempliront les fiches d'enregistrement.
3. Mme Courbet attendra son mari devant la banque.
4. André prendra deux baguettes chez le boulanger.
5. Les parents de Julie choisiront une nouvelle voiture.
6. Le professeur parlera de l'art moderne.
7. À cause de la neige, les élèves arriveront en retard.
8. Le professeur leur donnera des devoirs.

If you have made any mistakes, review *Le futur* on page 191.

Part 10

1. se lèvera   3. paiera
2. achèteront   4. appelleras

If you have made any mistakes, review *Note* on page 192.

Part 11

1. Oui, elle en a beaucoup.
2. Oui, j'en ai vu beaucoup.
3. Oui, il (elle) en a acheté assez.
4. Oui, nous en lisons plusieurs.
5. Oui, ils en écoutent beaucoup.

If you have made any mistakes, review *Le pronom en avec des expressions de quantité* on page 193.

Part 12

1. Non, il n'a pas parlé d'elle.
2. Non, il n'en a pas parlé.
3. Non, elle n'en a pas besoin.
4. Non, il n'en était pas fier.
5. Non, je n'en ai pas.

If you have made any mistakes, review *Note* on page 194.

Part 13

1. saurai   4. feront
2.–3. sera; aura   5. irons

If you have made any mistakes, review *Le futur des verbes avoir, savoir, faire, être et aller* on page 206.

Part 14

1. apprendrons   4. iront
2. serez   5. ferons
3. saura

If you have made any mistakes, review *Si* + *le présent et le futur* on page 207.

Part 15

1. arrivera; dînerons
2. achètera; mangerons
3. rentrera; parlera
4. serons; coucherons

If you have made any mistakes, review *Quand* + *le futur* on page 208.

Part 16

1. devras   4.–5. verra; voudra
2. recevront   6. viendra
3. pourrai   7. enverrai

If you have made any mistakes, review *Le futur des verbes voir, envoyer, pouvoir, devoir, recevoir, vouloir, venir* on page 216.

Part 17

1. Rien ne s'est passé hier.
2. Personne n'a fait ses devoirs.
3. Personne n'a monté ces bagages.
4. Personne n'est allé sur la place.
5. Rien n'est écrit sur le panneau.

If you have made any mistakes, review *Personne ne, rien ne* on page 217.

Part 18

1. Oui, elles y vont.
2. Oui, elle lui répond.
3. Oui, je leur téléphone.
4. Oui, ils y sont.
5. Oui, nous allons chez lui.
6. Oui, nous y avons répondu.

If you have made any mistakes, review *Le pronom y* on page 218.

Part 19

1. Oui, j'y vais en été.
2. Oui, je m'y promène.
3. Oui, j'en écoute plusieurs.
4. Oui, j'y attends mes amis.
5. Oui, j'en mange.
6. Oui, j'y dîne.
7. Oui, j'en prends.

If you have made any mistakes, review *Le pronom en* on page 177; *Le pronom en avec des expressions de quantité* on page 193; *Note* on page 194; *Le pronom y* on page 218.

Answers to Self-Test After Lesson 16

(*Self-diagnosis*)

Part 1

1. manches   4. jardin
2. viennent   5. dérangent
3. palmier

If you have made any mistakes, review *Vocabulaire* on page 236.

Part 2

1. poste; séjour   4. météo
2. émissions   5. dessins animés
3. informations

If you have made any mistakes, review *Vocabulaire* on pages 250–251.

Part 3

1. b   4. d
2. e   5. c
3. a

If you have made any mistakes, review *Vocabulaire* on pages 262–263.

Part 4

1. un chèque
2. la caisse (le caissier)
3. une calculatrice
4. un billet de cent francs
5. une pièce de cinq francs

If you have made any mistakes, review *Vocabulaire* on pages 267–277.

Part 5

1. Oui, je l'ai achetée.
2. Oui, je les ai montés.
3. Oui, je les ai admirées.
4. Oui, je l'ai envoyée.
5. Oui, je les ai choisis.

If you have made any mistakes, review *Révision des pronoms le, la, les* on page 238.

Part 6

1. Non, je ne te le donne pas.
2. Non, nous ne vous le montrons pas.
3. Non, ils ne nous les envoient pas.
4. Non, je ne te les apporte pas.
5. Non, le prof ne nous la montre pas.

If you have made any mistakes, review *Deux pronoms compléments d'objet* on page 238.

Part 7

1. Paul vient de sortir.
2. Je viens de manger un plat créole.
3. Les filles viennent d'arriver.
4. Elle vient de se coucher.

If you have made any mistakes, review *Venir de* on page 240.

Part 8

1. traduit
2. détruit
3.–4. détruit; traduire
5. conduirai (conduis)

If you have made any mistakes, review *Verbes irréguliers comme traduire* on page 252.

Part 9

1. Je les lui donne.
2. Je le lui présente.
3. Tu la leur as expliquée.
4. Vous ne la leur avez pas indiquée.
5. Ne la lui donne pas!
6. Nous les leur vendons.
7. Ne la lui montre pas!
8. Il ne la leur a pas décrite.

If you have made any mistakes, review *Révision des pronoms compléments lui, leur* on page 253; *Deux compléments—le, la, les et lui, leur* on page 254.

Part 10

1. Donne-le-lui.
2. Indique-la-moi.
3. Explique-les-nous.
4. Donne-la-leur.
5. Donne-les-moi.

If you have made any mistakes, review *Les pronoms compléments à l'impératif affirmatif* on page 265.

Part 11

1. iraient
2. prendraient
3. ferais
4. accompagnerait
5. pourrais
6. devrions
7. voudriez

If you have made any mistakes, review *Le conditionnel* on pages 266–257.

Part 12

1. Je vais le lui donner.
2. Tu vas me l'expliquer.
3. Nous voudrions vous l'indiquer.
4. Il vient d'en parler.
5. Claudette veut y aller.
6. Je viens d'en sortir.
7. Il ne veut pas en parler.
8. Henri ne veut pas y aller en voiture.

If you have made any mistakes, review *Les pronoms avec l'infinitif* on page 279.

Part 13

1. allait; téléphonerait
2. étais; aiderais
3. avions; irions
4. indiquiez; arriverions
5. étaient; toucheraient

If you have made any mistakes, review *Les propositions avec si* on page 280.

Part 14

1. Donnez-m'en!
2. Donnez-m'en!
3. Donnez-m'en!
4. Donnez-m'en!

If you have made any mistakes, review *Y + en à l'impératif* on page 282.

188

ANSWERS TO SELF-TEST AFTER LESSON 20

Part 1

(Self-diagnosis)

1. choucounes
4. âne
2. murs; sol
5. pressés
3. panier

If you have made any mistakes, review *Vocabulaire* on pages 298–299.

Part 2

1. un standard
2. un récepteur
3. un annuaire
4. une cabine téléphonique
5. la fente
6. une standardiste
7. un numéro de téléphone

If you have made any mistakes, review *Vocabulaire* on pages 312–313.

Part 3

1. a
4. b
2. b
5. a
3. a
6. a

If you have made any mistakes, review *Vocabulaire* on pages 322–323.

Part 4

1. le capot
2. le phare
3. le pneu
4. la roue
5. la plaque
6. la ceinture de sécurité
7. le tableau de bord
8. le volant

If you have made any mistakes, review *Vocabulaire* on page 336.

Part 5

1. étudiiez
4. attendiez
2. parliez
5. parliez
3. finissiez

If you have made any mistakes, review *Le subjonctif* on pages 301–302.

Part 6

1. lises
4. sortent
2. écriviez
5. dise
3. partions
6. dorme

If you have made any mistakes, review *Verbes irréguliers au subjonctif* on page 303.

Part 7

1. soit
5. ayez
2. fassent
6. fasses
3. aille
7. soyez
4. allions

If you have made any mistakes, review *Le subjonctif des verbes avoir, être, faire, aller* on page 315.

Part 8

1. a 3. a
2. b 4. b

If you have made any mistakes, review *Révision du comparatif et du superlatif de bon* on page 325; *Le comparatif et le superlatif de bien* on page 325.

Part 9

1. fasse 4. allions
2. vende 5. trouviez
3. vende

If you have made any mistakes, review *Le subjonctif avec les expressions d'émotion* on page 326.

Part 10

1. appeliez 6. veuilles
2. prennes 7. puisse
3. buvions 8. sache
4. receviez 9. preniez
5. vienne 10. voulions

If you have made any mistakes, questions 1–2, review *Le subjonctif* on pages 301–302; questions 3–4, *Le subjonctif avec des expressions de jugement* on page 316; questions 5, 6, 9, 10, *Le subjonctif avec des expressions d'émotion* on page 326; questions 7–8, *Le subjonctif avec des expressions de doute* on page 341; questions 1–4, 9, *Le subjonctif des verbes appeler, compléter, lever, prendre, boire, recevoir* on page 338; questions 5–8, 10, *Le subjonctif de pouvoir, savoir, vouloir et venir* on page 327.

Part 11

1. b 4. c
2. e 5. d
3. a

If you have made any mistakes, review *Le subjonctif avec des conjonctions subordonnés* on page 339.

Part 12

1. Est-il certain que vous puissiez faire le voyage?
2. Est-il vrai que nous allions à Bordeaux?

If you have made any mistakes in Parts 12 and 13, review *Le subjonctif avec des expressions de doute* on page 341.

Part 13

1. Il n'est pas certain que vous puissiez faire le voyage.
2. Il n'est pas vrai que nous allions à Bordeaux.

190